10문장으로 끝내는
여행 일본어
회화

10문장으로 끝내는
여행 일본어 회화

니키 지음

바이링구얼

 **Preface**

　외국어를 공부하고 나면 실제로 외국인을 만나거나 외국에 나갔을 때 그들의 말이 우리가 책으로 배운 것과 많이 다르다는 것을 자주 느낍니다. 구어체 표현과 말투, 빠른 속도, 정확하지 않은 발음, 주위의 소음 등 여러 이유가 있습니다.

　이것은 여행 회화도 마찬가지인데요. 많은 여행 책의 앞부분에 '기내에서 쓰는 일본어', '입국심사에서 쓰는 일본어' 등이 소개되어 있습니다. 요즘 일본에 여행 가는 사람들은 대부분 진에어, 티웨이항공, 제주항공, 이스타항공 등의 국내 저가 항공사를 이용합니다. 한국인 승무원에게 일본어를 쓰는 사람은 없으니 '기내에서 쓰는 일본어'는 사실 필요 없는 부분입니다. 대한항공이나 아시아나항공을 이용해도 마찬가지고요. 그리고 일본의 공항에서도 입국 심사관이 질문을 한 적은 한 번도 없었습니다. 물론 입국 신고서를 제대로 작성하지 않으면 재작성을 요구할 것이고, 관광이 아니라 비즈니스나 다른 목적을 기입하면 더 자세하게 질문을 합니다.

　이 책을 기획하기 전 저는 문득 일본의 입국 심사관이 어떤 질문을 하는지, 식당이나 상점에서 여행 일본어 책에 나온 것과 같은 대화가 이루어질지 궁금해졌습니다. 그래서 직접 일본 여행을 하면서 겪는 모든 상황을 비디오로 찍고, 그 실제 상황들을 책으로 만들기로 마음 먹었습니다. 진짜 리

얼한 일본어 책을 만들고 싶어서 말이죠. 모든 동영상에는 일본어와 발음, 해석을 자막으로 달았고, 현지 영상 뒷부분에는 짧은 강의까지 덧붙였습니다. 또 현지에서 직접 겪지 않으면 알 수 없는 신선한 표현들도 많이 담기 위해 노력했습니다. 이 책과 동영상을 보신 분들은 인기 명소와 맛집에서 이루어질 대화를 미리 알고 준비할 수 있으리라 생각됩니다.

  일본 여행을 계획하는 분이나 현지의 생생한 생활 일본어를 배우고 싶은 분들에게 부디 이 책이 도움이 되었으면 좋겠습니다.

목차

책의 구성과 활용법 008p

동영상 보는 3가지 방법 010p

Part 0 매일 쓰는 0순위 표현

Part 1 일본 여행 필수 패턴 10

Part 2 일본 여행 실제 상황

01 교통, 숙소 058p

02 편의점, 슈퍼, 드럭스토어, 돈키호테 073p

03 관광, 쇼핑 088p

04 커피숍 128p

05 라멘 148p

06 돈부리 162p

07 햄버거 174p

08 돈카츠, 규카츠, 스테이크 188p

09 기타 일식 맛집 216p

10 기타 양식 맛집 236p

11 기타 상황 257p

12 귀국 278p

Part 3   상황별 일본어 바로 찾기

01   공통 표현 286p

02   공항, 교통 291p

03   숙박 297p

04   관광 305p

05   식당, 술집 310p

06   쇼핑 321p

07   교류 · 대화 326p

08   문제 상황, 건강 333p

Part 4   기타 일상 표현

01   인사, 맞장구, 감사 340p

02   일상 관용 표현 342p

03   초간단 질문과 대답 344p

04   기분, 감정, 정도 346p

책의 구성과 활용법

Part 0 매일 쓰는 0순위 표현

강의를 들을 수 있는 QR코드

일본에서 매일 쓰게 될 0순위 표현

Part 1 일본 여행 필수 패턴

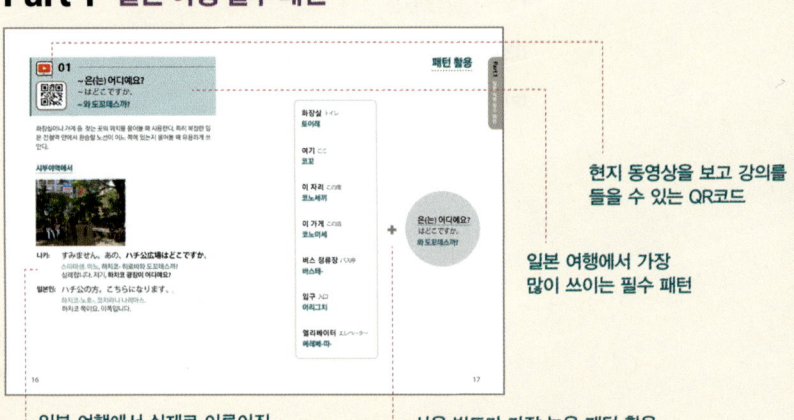

현지 동영상을 보고 강의를 들을 수 있는 QR코드

일본 여행에서 가장 많이 쓰이는 필수 패턴

일본 여행에서 실제로 이루어진 대화문

사용 빈도가 가장 높은 패턴 활용 문장들

Part 2 일본 여행 실제 상황

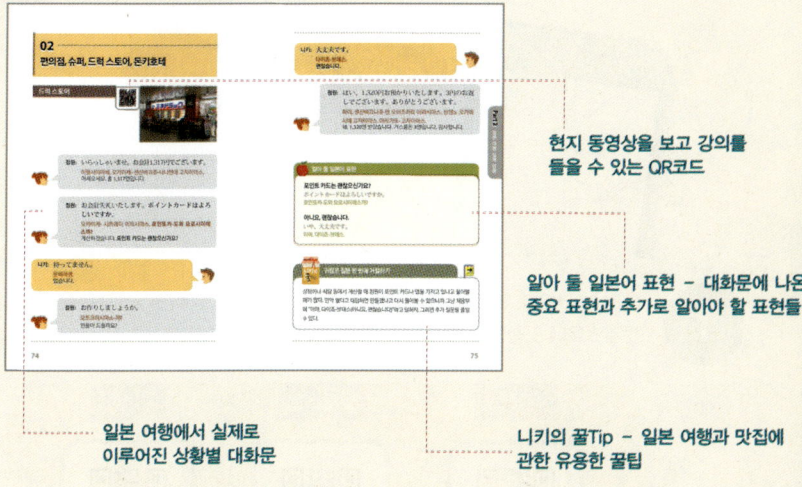

현지 동영상을 보고 강의를
들을 수 있는 QR코드

알아 둘 일본어 표현 - 대화문에 나온
중요 표현과 추가로 알아야 할 표현들

일본 여행에서 실제로
이루어진 상황별 대화문

니키의 꿀Tip - 일본 여행과 맛집에
관한 유용한 꿀팁

Part 3 상황별 일본어 바로 찾기

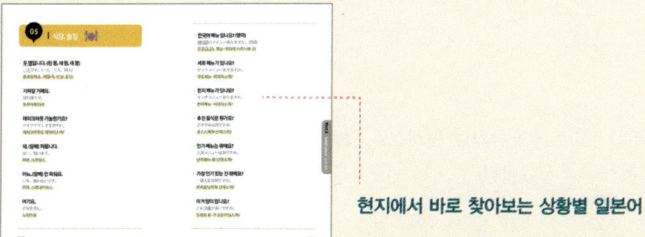

현지에서 바로 찾아보는 상황별 일본어

Part 4 기타 일상 표현

일상에서 일본인이 가장 많이 쓰는 초간단 표현

동영상 보는 3가지 방법

1 아래 QR코드 중 하나를 스마트폰의 QR코드 리더 앱으로 찍고, 유튜브 또는 팟캐스트나 팟빵이 열리면 '구독'을 누르고 시청하기

2 컴퓨터나 스마트폰의 유튜브, 팟캐스트, 팟빵 등에서 다음과 같이 검색한 뒤 '구독'을 누르고 시청하기

〈실전 여행 일본어〉로 검색

팟캐스트

〈10문장으로 끝내는 여행 일본어 회화〉로 검색

팟빵

〈10문장으로 끝내는 여행 일본어 회화〉로 검색

3 책의 상단 제목마다 나오는 QR코드를 스마트폰으로 찍고 상황별로 시청하기

Part 0
매일 쓰는 0순위 표현

실례합니다. 여기요.
すみません。
스미마셍 / 스이마셍

안녕하세요.
こんにちは。
곤니치와

네.
はい。
하이

네?
はい?
하이? ↗ (끝을 올림)

아니요.
いいえ。/ いや。
이이에 / 이야

**부탁합니다.
그렇게 해 주세요.**
お願いします。
오네가이시마스

이상 없이 괜찮을 때, 거절할 때
괜찮습니다.
大丈夫です。
다이죠-부데스

죄송합니다.
ごめんなさい。
고멘나사이

감사합니다.
ありがとうございます。
아리가또- 고자이마스

Part 1 일본 여행 필수 패턴

01 ~은(는) 어디예요?

02 ~ 있나요?

03 ~ 가는 거 여기서 타나요?

04 이거 ~에 가나요?

05 ~ 주세요

06 ~ 부탁합니다

07 ~(으)로요

08 ~ 받을 수 있나요?

09 ~ 가능한가요?

10 ~은(는) 뭐예요?

01

~은(는) 어디예요?
~はどこですか。
~와 도꼬데스까?

화장실이나 가게 등 찾는 곳의 위치를 물어볼 때 사용한다. 특히 복잡한 일본 전철역 안에서 환승할 노선이 어느 쪽에 있는지 물어볼 때 유용하게 쓰인다.

시부야역에서

니키: すみません。あの、**ハチ公広場はどこですか。**
스미마셍. 아노, **하치코- 히로바와 도꼬데스까?**
실례합니다. 저기, **하치코 광장이 어디예요?**

일본인: ハチ公の方。こちらになります。
하치코-노호-. 코치라니 나리마스.
하치코 쪽이요. 이쪽입니다.

패턴 활용

화장실 トイレ
토이레

여기 ここ
코꼬

이 자리 この席
코노세끼

이 가게 この店
코노미세

버스 정류장 バス停
바스테-

입구 入口
이리그치

엘리베이터 エレベーター
에레베-따-

➕

은(는) 어디예요?
はどこですか。
와 도꼬데스까?

패턴 활용

탈의실 試着室
시챠끄시쯔

계산대 レジ
레지

분실물센터 遺失物取扱所
이시쯔부쯔 토리아쯔카
이죠

오다큐선 小田急線
오다큐-센

이노카시라선 井の頭線
이노카시라센

지요다선 千代田線
치요다센

은(는) 어디예요?
はどこですか。
와 도꼬데스까?

최고의 환전 우대

일본은 여행자 수표를 받는 곳이 거의 없기 때문에 환전은 모두 현금으로 해야 한다. 공항의 환전소에서 돈을 바꾸면 최악의 환율을 적용받는다는 것은 모두가 익히 아는 사실이다. 그런데 공항의 환전소를 이용하면서 최고의 환율을 적용받는 방법이 있다. 그것은 바로 인터넷 환전이다. 출국 전 자신이 이용하는 은행 홈페이지에 들어가서 인터넷 환전을 신청한 후 출국 당일 공항에 있는 해당 은행의 환전소에 가서 신청한 금액을 찾으면 된다. 이제 어느 환전소가 환율이 좋은지 찾으려고 힘들게 돌아다니지 말자.

02

~ 있나요?
~ ありますか。
~ 아리마스까?

상점에서 사려는 물건이 있는지 물어볼 때, 식당에서 주문하려는 메뉴나 필요한 물건이 있는지 물어볼 때 사용한다.

드럭 스토어에서

니키: すみません。あの、**太田胃散ありますか。**
스미마셍. 아노, **오-타이상 아리마스까?**
실례합니다. 저기, **오오타이산 있나요?**

점원: 太田胃散。
오-타이상.
오오타이산.

점원: こういったタイプとこういったタイプがありますけど。
코-잇따타이쁘또 코-잇따타이쁘가 아리마스케도.
이런 타입과 이런 타입이 있는데요.

패턴 활용

한국어 메뉴 韓国語のメニュー
칸코끄고노 메뉴-

영어 메뉴 英語のメニュー
에-고노 메뉴-

세트 메뉴 セットメニュー
셋또메뉴-

런치 메뉴 ランチメニュー
란치메뉴-

더 싼 거 もう少し安いの
모-스코시 야스이노

앞치마 エプロン
에프론

와이파이 Wi-Fi
와이화이

+

있나요?
ありますか。
아리마스까?

Part 1 일본 여행 필수 패턴

패턴 활용

체한 데 먹는 약 胃もたれの薬
이모따레노 크스리

배탈난 데 먹는 약
食あたりの薬
쇼끄아따리노 크스리

두통약 頭痛薬
즈쯔-야끄

종합감기약 総合かぜ薬
소-고- 카제 그스리

밴드 絆創膏
반소-꼬-

동전 세탁기 コインランドリー
코인란도리-

담배 피울 수 있는 곳
喫煙できる場所
키츠엔 데끼루 바쇼

+

있나요?
ありますか。
아리마스까?

입국신고서 작성 요령

입국신고서는 영어 또는 일본어로 작성해야 하며 꼭 볼펜으로 써야 한다. 혹시 연필이나 샤프로 적으면 재작성을 요구받는다. 옆자리의 일본인에게 펜을 빌리려면 "펜오 카시떼 모라에마셍까?"라고 물어보자. 혹시 승무원으로부터 외국어로 된 입국신고서를 받았다면 한국어로 된 것을 달라고 요청하자. 일본 현지에서 묵을 숙소 이름이나 민박일 경우엔 그곳의 주소를 정확히 적어야 한다. 여권 번호도 적어야 하니 여권은 항상 몸에 지니고 있도록 하자. 관광이든 출장이든 3개월 이내의 단기 여행이라면 목적은 '관광'에 체크하는 것이 입국 시 추가 질문을 받지 않고 편하다.

03

~ 가는 거 여기서 타나요?
~ 行きはここですか。
~ 유끼와 코꼬데스까?

일본은 하나의 전철역 안에 여러 개의 노선이 들어오고, 승강장이 최소 10개에서 많게는 20개도 넘게 있기 때문에 주위에 보이는 일본인에게 자신의 목적지에 가는 전철의 승강장이 맞는지 물어보고 타는 것이 좋다.

전철 승강장에서

니키: **すみません。吉祥寺行きはここですか。**
스미마셍. 키치죠-지 유끼와 코꼬데스까?
실례합니다. **기치조지 가는 거 여기서 타나요?**

일본인: はい、大丈夫です。
하이, 다이죠-브데스.
네, 맞아요.

니키: ありがとうございます。
아리가또- 고자이마스.
감사합니다.

패턴 활용

시부야 渋谷
시부야

오모테산도 表参道
오모테산도

롯폰기 六本木
롯폰기

에비스 恵比寿
에비스

긴자 銀座
긴자

기치조지 吉祥寺
키치죠-지

가는 거 여기서 타나요?
行きはここですか。
유끼와 코꼬데스까?

패턴 활용

시모키타자와 下北沢
시모키타자와

지유가오카 自由が丘
지유-가오카

우에노 上野
우에노

아사쿠사 浅草
아사쿠사

오다이바 お台場
오다이바

나리타공항 成田空港
나리따 크-코-

가는 거 여기서 타나요?
行きはここですか。
유끼와 코꼬데스까?

구글 지도, 일본 심카드, 무료 해외로밍

일본에서 우리나라의 지도 앱은 작동하지 않지만, 대신 구글 지도(Google Maps)로 검색하면 명소와 맛집을 쉽게 찾아갈 수 있다. 특히 근처 지역에 대해 전혀 모를 경우에는 지도 화면 하단의 '주변 탐색' 버튼을 누르면 음식점, 술집, 커피숍, 제과점, 공원 등 종류별로 추천 장소를 찾을 수 있다.

하지만 길거리에서 앱을 이용하려면 인터넷이 연결되어 있어야 하니 출국 전에 일본 심카드를 사서 가도록 하자. 예전에는 '포켓 와이파이'란 것을 많이 썼는데 가격도 비싸고 크기도 커서 요즘은 대부분 심카드를 많이 이용한다. 인터넷에서 '일본 심카드'로 검색하면 쉽게 찾을 수 있다. 일본의 공항에서도 판매하지만 한국보다 더 비싸다. 이 심카드와 '말톡'이나 'OTO' 앱 등을 함께 이용하면 비싼 해외로밍을 하지 않고도 한국에서 걸려 오는 전화를 받을 수 있다.

04

이거 ~에 가나요?
これ~まで行きますか。
코레 ~마데 이키마스까?

일본은 하나의 노선 안에도 급행, 준급행, 일반 등 다양한 전철이 있다. 그래서 잘못하면 자신의 목적지에 서지 않고 지나가는 전철을 타거나, 반대로 한 번에 가는 전철을 놔두고 매 정거장마다 정차하는 전철을 탈 수도 있으니 전철을 타기 전 꼭 확인하고 타는 것이 좋다.

전철 승강장에서

니키: すみません。**これ下北沢まで行きますか。**
스미마셍. **코레 시모키타자와마데 이키마스까?**
실례합니다. **이거 시모키타자와에 가나요?**

일본인: はい、行きます。
하이, 이키마스.
네, 갑니다.

니키: ありがとうございます。
아리가또- 고자이마스.
감사합니다.

패턴 활용

나카메구로 中目黒
나카메구로

나카노 中野
나카노

하라주쿠 原宿
하라주쿠

이케부쿠로 池袋
이케부쿠로

오차노미즈 御茶ノ水
오챠노미즈

아키하바라 秋葉原
아키하바라

+

<u>**에 가나요?**</u>
まで行きますか。
마데 이키마스까?

패턴 활용

쓰키지시장 築地市場
츠키지시죠-

요코하마 横浜
요코하마

지바 千葉
치바

가마쿠라 鎌倉
카마쿠라

오다와라 小田原
오다와라

하네다공항 羽田空港
하네다 크-코-

➕

에 가나요?
まで行きますか。
마데 이키마스까?

환승 안내 앱

일본은 하나의 전철역 안에도 여러 종류의 전철과 노선이 있고, 시간에 따라 목적지에 먼저 가는 노선과 전철의 종류가 달라진다. 이 말은 매번 이용할 승강장의 위치가 달라질 수 있다는 뜻이다. 어떤 전철을 타느냐에 따라 환승역과 요금도 달라진다. 목적지가 멀고 여러 번 환승해야 할 경우엔 더욱 그렇다. 이렇게 복잡한 일본 전철이지만 스마트폰에 환승 안내 앱을 다운로드받아 사용하면 좀 더 수월하다. 단, 일본어만 지원이 된다.

구글 플레이 스토어에서 乗換(노리카에, 환승) 또는 Yahoo Japan으로 검색하면 Yahoo! 乗換案内 앱이 나오고, 아이폰의 앱스토어에서 乗換로 검색하면 乗換案内란 앱이 나온다. 출발역과 목적지를 입력하면 전철 도착시간, 환승역, 요금, 이동 시간, 승강장 번호까지 확인할 수 있다.

05

~주세요.
~ください。
~ 크다사이.

식당이나 커피숍 등에서 주문할 때 가장 많이 쓰는 표현이다. 원하는 메뉴의 이름 뒤에 '크다사이'만 붙여서 말하면 된다.

돈카츠 맛집에서

점원: ご注文お決まりになりましたら、お声をおかけください。
고츄-몽 오키마리니 나리마시따라, 오코에오 오카케 크다사이.
주문 결정하시면 불러 주세요.

니키: はい、**これください**。
하이, **코레 크다사이**.
네, **이거 주세요**.

점원: はい、こちらで。
하이, 코치라데.
네, 이걸로.

패턴 활용

이거 これ
코레

이거 2개 これ二つ
코레 후타쯔

이거랑 이거 これとこれ
코레또 코레

저거랑 같은 거 あれと同じもの
아레또 오나지모노

카페라떼 カフェラテ
카훼라떼

오늘의 커피 本日のコーヒー
혼지쯔노 코-히-

+

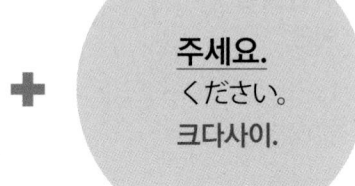

주세요.
ください。
크다사이.

Part 1 일본 여행 필수 패턴

패턴 활용

시오라멘 塩ラーメン
시오라-멘

로스카츠 정식
ロースかつ定食
로-스카츠 테-쇼꾸

튀김덮밥 天丼
텐동

장어덮밥 うな丼
우나동

볶음밥 チャーハン
차-항

말보로 골드
マルボロゴールド
마루보로 고-루도

\+

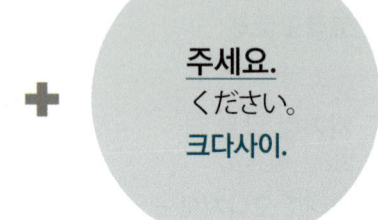

주세요.
ください。
크다사이.

프리미엄 돈카츠 맛집

도쿄에서 먹어 본 약 10가지 유명 돈카츠 가게 중에서 가장 맛있는 곳을 꼽자면 바로 'とんかつ和幸(돈카츠 와코)'다. 그중에서도 꼭 주문해야 할 메뉴는 'ロースかつ御飯(로스카츠 고항)'이다. 1,728엔으로 가격이 꽤 비싸긴 하지만 일본까지 갔으니 한 번쯤 최고의 돈카츠를 맛보는 사치를 누려도 좋을 것 같다. 스테이크보다 두껍고 식감이 좋은 등심에 눈물이 날지도 모른다. 밥, 양배추, 장국은 무료로 더 먹을 수 있으니 필요할 때는 "코레 오카와리 오네가이시마스(이거 더 주세요)"라고 하자. 주머니가 가벼운 여행자는 절반 가격으로 평일 점심 때 판매하는 '와코 고항'을 주문해도 좋다. 대신 '로스카츠 고항'의 최상급 등심은 아니다. 신주쿠, 시부야, 이케부쿠로 등 도쿄 번화가와 전국에 매장이 있으며, 홈페이지에서 한글도 지원한다.

돈카츠 와코: http://www.wako-group.co.jp/kr/

06

~ 부탁합니다.
~お願いします。
~오네가이시마스.

식당이나 커피숍에서 주문할 때뿐만 아니라 '~ 부탁합니다'란 식으로 무언가를 요청할 때도 쓸 수 있다.

장어덮밥 맛집에서

점원: いらっしゃいませ。
이랏샤이마세.
어서오세요.

니키: **うな丼お願いします。**
우나동 오네가이시마스.
장어덮밥 부탁합니다.

점원: はい。
하이.
네.

패턴 활용

잘 よろしく
요로시끄

이거 これ
코레

체크인 チェックイン
첵끄인

체크아웃 チェックアウト
첵끄아우또

계산 お勘定
오칸죠-

같은 거 同じもの
오나지모노

많은 양으로 大盛りで
오-모리데

+

부탁합니다.
お願いします。
오네가이시마스.

패턴 활용

적은 양으로 少なめで
스크나메데

카페모카 カフェモカ
카훼모카

쇼유라멘 醬油ラーメン
쇼-유라-멘

싱글 룸으로
シングルルームで
싱그루 루-므데

성인 한 장 大人1枚
오또나 이치마이

어른 둘, 아이 하나
大人2枚、子ども1枚
오또나 니마이,
코도모 이치마이

＋

부탁합니다.
お願いします。
오네가이시마스.

장어덮밥 맛집

지유가오카에 가면 오래된 장어덮밥 맛집 'ほさかや(호사카야)'가 있다. 인기 메뉴는 2,500엔 하는 うな重(우나쥬)와, 평일 점심에 런치로만 판매하는 1,300엔짜리 うな丼(우나동)이다. 가격을 보면 알겠지만 장어의 양이 2배 정도 차이난다. 우나동은 먹다 보면 확실히 장어가 부족하다는 생각이 든다. 맛있기는 한데 우나동을 먹고 아쉬운 생각이 들어선지 엄청나게 맛있다는 느낌은 받지 못했다. 여기까지 찾아가기 귀찮은 사람은 가까운 요시노야나 스키야에서도 일본 장어덮밥을 맛볼 수 있다.

07

~(으)로요.
~で。
~데.

식당이나 커피숍에서 점원이 음식의 양이나 종류를 구체적으로 물어볼 때 그에 대한 대답으로 매번 쓰는 표현이다.

맥도날드에서

니키: カフェラテお願いします。
카훼라떼 오네가이시마스.
카페라떼 부탁합니다.

점원: アイスですか。
아이스데스까?
차가운 거요?

니키: **ホットで。**
홋또데.
따뜻한 거로요.

점원: **エス・サイズで？**
에스 사이즈데?
스몰 사이즈로요?

니키: はい。
하이.
네.

패턴 활용

테이크아웃 持ち帰り
모치카에리

보통 普通
후쯔-

많은 양 大盛り
오-모리

적은 양 少なめ
스쿠나메

따뜻한 거 ホット
홋또

차가운 거 アイス
아이스

숏트 사이즈 ショート
쇼-또

+

(으)로요.
で。
데.

패턴 활용

톨 사이즈 トール
토-루

그란데 사이즈 グランデ
그란데

S 사이즈 エス
에스

M 사이즈 エム
에무

L 사이즈 エル
에루

금연석 禁煙席
킹엔세끼

흡연석 喫煙席
키츠엔세끼

+

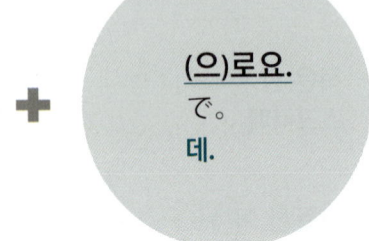

(으)로요.
で。
데.

구글 번역 앱

일본뿐 아니라 어느 나라든 해외여행을 갈 때는 스마트폰에 꼭 'Google 번역' 앱을 깔도록 하자. 외국 식당의 메뉴가 친절하게도 사진으로 되어 있다면 대충 어떤 음식인지 알고 주문할 수 있지만, 만약 영어도 아닌 그 나라 글자로만 되어 있다면 정말 난감하지 않을 수 없다. 특히 특정 음식에 알레르기가 있거나 입맛이 까다로운 사람은 더 그렇다. 이때 나만의 통역사가 되어 줄 앱이 바로 'Google 번역'이다. 앱스토어에서 '번역'으로 검색하면 아마 맨 위에 뜰 것이다. 이 앱의 좋은 점은 그냥 앱을 켜고 외국어를 사진 찍은 후 알고 싶은 글자를 손가락으로 터치해서 영역을 지정하면 바로 우리말로 번역해 준다. 메뉴판뿐만 아니라 길거리 표지판, 잡지 등 어디에 활용해도 좋다.

08

~받을 수 있나요?(좀 주시겠어요?)
~もらえますか。
~모라에마스까?

가게에서 음식을 주문할 때는 직접적으로 '~주세요'라는 뜻의 표현을 쓰면 되지만, 추가적으로 필요한 것을 달라고 요청하거나 받을 수 있는지 물어볼 때는 '~모라에마스까?'를 쓰는 것이 자연스럽다.

햄버거 가게에서

니키:	すみません。**あの、お冷もらえますか。**
	스미마셍. 아노, **오히야 모라에마스까?**
	여기요. 저기, **냉수 좀 주시겠어요?**

점원:	お冷。お一つ？
	오히야. 오히토쯔?
	냉수. 하나요?

니키:	はい。
	하이.
	네.

패턴 활용

Part 1 일본 여행 필수 패턴

영수증 レシート
레시-또

지하철 노선도 地下鉄の路線図
치카테쯔노 로센즈

하나 더 もう一つ
모-히토쯔

찬물 お冷
오히야

따뜻한 물 お湯
오유

좀 더 もう少し
모-스코시

작은 접시 取り皿
토리자라

+

**받을 수 있나요?
(좀 주시겠어요?)**
もらえますか。
모라에마스까?

패턴 활용

물수건 おしぼり
오시보리

냅킨 紙ナプキン
카미나프킨

컵 コップ
콥쁘

재떨이 灰皿
하이자라

메뉴 メニュー
메뉴-

가게 명함 お店の名刺
오미세노 메-시

+

받을 수 있나요?
(좀 주시겠어요?)
もらえますか。
모라에마스까?

일본 패스트푸드점은 물도 준다

한국의 햄버거 체인점에서 물을 달라고 하면 보통 판매용 음료수만 있고 그냥 물은 따로 없다고 하는데, 일본은 그렇지 않다. 일본의 햄버거 체인점에서 혹시나 하고 물어봤는데, 전혀 귀찮아 하지 않고 점원이 물을 건네줬다. 앞에 나온 대화는 체인점은 아니었지만, 맥도날드에서도 친절하게 물을 줬다. 그러니 냉수가 마시고 싶을 때는 주저없이 "오히야 모라에마스까?"라고 하자.

09

~ 가능한가요?
~ できますか。
~ 데끼마스까?

가게에서 예약이나 취소, 혹은 교환이나 환불 등 무엇이 가능한지 물어볼 때 쓰는 표현이다.

휴대전화 대리점에서

직원: こんにちは。
곤니치와.
안녕하세요.

니키: すみません。あの、**携帯、充電できますか**。
스미마셍. 아노, 케-따이 쥬-뎅 데끼마스까?
실례합니다. 저기, **휴대전화 충전 가능한가요?**

직원: あちらです。
아치라데스.
저쪽입니다.

니키: どうも。
도-모.
감사합니다.

패턴 활용

Part 1 일본 여행 필수 패턴

예약 予約
요야끄

테이크아웃 テイクアウト
테이크아우또

주문 변경 注文変更
츄-몽 헨꼬-

리필(무료 추가) おかわり
오까와리

지금 체크인
今チェックイン
이마 첵끄인

스마트폰 충전 スマホの充電
스마호노 쥬-덴

가능한가요?
できますか。
데끼마스까?

패턴 활용

환전(잔돈 교환) 両替
료-가에

부탁 お願い
오네가이

취소 キャンセル
캰세루

확인 確認
카끄닝

지금 今から
이마카라

반품(환불) 返品
헨삥

교환 交換
코-캉

+

가능한가요?
できますか。
데끼마스까?

스마트폰을 무료로 충전할 수 있는 곳

정신없이 일본 관광을 하며 스마트폰으로 사진을 마구 찍어대다 보면 어느새 배터리가 바닥날 때가 있다. 보조 배터리를 가지고 있으면 다행이지만 그렇지 않다면 사진도 못 찍고 구글 지도도 못 쓰게 되니 이보다 더 난감한 일이 없다. 이때 찾아가야 할 곳은 바로 휴대전화 대리점이다. Docomo, SoftBank, AU 어디라도 좋다. 어느 대리점이든지 가서 "쥬-덴 데끼마스까(충전되나요)?"라고 물어보면 충전기가 있는 곳을 안내해 준다. 친절하게도 모든 기종의 충전기들이 당신을 기다리고 있고, 충전하는 동안 무료 음료수를 마시며 느긋하게 잡지를 봐도 좋다. 원래는 자기 통신사 이용자를 위한 서비스이지만, 따로 확인하지는 않으니 걱정할 필요 없다.

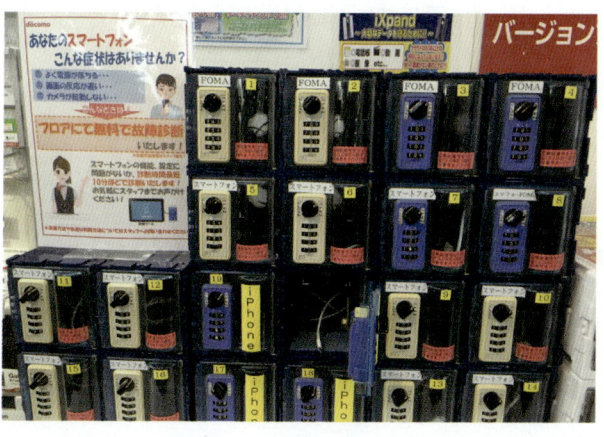

10

~ 은(는) 뭐예요?
~ は何ですか。
~ 와 난데스까?

식당에서 추천 음식이나 인기 메뉴를 물어보거나 뭔지 알 수 없는 소스가 있어서 물어볼 때, 상대방의 취미나 꿈 등 다양한 것들을 물어볼 때 쓰는 표현이다.

돈카츠 가게에서

니키: すみません。
これは何ですか。
스미마셍. 코레와 난데스까?
저기요. **이건 뭔가요?**

점원: えーと、ポン酢ですね。
ポン酢でこちらにかけていただいてもいいですし、つけていただいても。
에-또, 폰즈데스네. 폰즈데 코치라니 카케떼 이따다이떼모 이이데스시, 츠케떼 이따다이떼모.
음, 폰즈입니다. 폰즈를 이쪽에 뿌려서 드셔도 되고, 찍어 드셔도 됩니다.

니키: あ、そうですか。ありがとうございます。
아, 소-데스까. 아리가또- 고자이마스.
아, 그렇구나. 감사합니다.

패턴 활용

이거 これ
코레

저거 あれ
아레

추천 음식 おすすめ
오스스메

인기 메뉴 人気メニュー
닝끼메뉴-

가장 인기 있는 거 一番人気
이치방 닝끼

빨리 되는 메뉴
早くできるメニュー
하야끄 데끼루 메뉴-

인기 기념품 人気のお土産
닝끼노 오미야게

은(는) 뭐예요?
は何ですか。
와 난데스까?

패턴 활용

이 금액 この料金
코노 료-킹

이곳의 와이파이
ここのWi-Fi
코꼬노 와이화이

와이파이 비밀번호
Wi-Fiのパスワード
와이화이노 파스와-도

취미 趣味
슈미

꿈 夢
유메

혈액형 血液型
케츠에끼가따

전공 專攻
센코-

은(는) 뭐예요?
は何ですか。
와 난데스까?

지시 대명사

어느것	**어디**	**어느쪽**
どれ	どこ	どっち
도레	도꼬	돗치

이거	**여기**	**이쪽**
これ	ここ	こっち
코레	코꼬	콧치

그거	**거기**	**그쪽**
それ	そこ	そっち
소레	소꼬	솟치

저거	**저기**	**저쪽**
あれ	あそこ	あっち
아레	아소꼬	앗치

Part 2 일본 여행 실제 상황

01 교통, 숙소

02 편의점, 슈퍼, 드럭스토어, 돈키호테

03 관광, 쇼핑

04 커피숍

05 라멘

06 돈부리

07 햄버거

08 돈카츠, 규카츠, 스테이크

09 기타 일식 맛집

10 기타 양식 맛집

11 기타 상황

12 귀국

Part 2
일본 여행 실제 상황

01
교통, 숙소

공항, 스이카 카드 구입

공항의 JR 티켓 판매 창구에서

니키: スイカカードありますか。
스이카 카-도 아리마스까?
스이카 카드 있나요?

직원: はい、どうぞ。おいくらで作りましょうか。
하이, 도-조. 오**이꾸라**데 츠크리마쇼-까?
네, **얼마**짜리로 만들어 드릴까요?

니키: 3,000円で。
산젱엔데.
3천 엔으로요.

직원: 3,000円。1個でいいですか。
산젱엔. **잇꼬**데 이이데스까?
3천 엔이요. **한 개**면 되나요?

니키: はい。
하이.
네.

직원: 2,000円のお返しです。では、スイカカード 3,000円分ですね。
니셍엔노 오카에시데스. 데와, 스이카 카-도 산젱엔분데스네.
2천 엔 거스름돈입니다. 여기, 스이카 카드 3천 엔짜리입니다.

니키: あの、京成本線はどこですか。
아노, 케-세- 혼센와 도꼬데스까?
저기, 케이세이 혼센은 어딘가요?

직원: 京成本線**左側一番奥**ですね。
케-세- 혼센 **히다리가와** 이치방 **오꾸**데스네.
케이세이 혼센은 **왼쪽편** 제일 **안쪽**입니다.

니키: ありがとうございます。
아리가또- 고자이마스.
감사합니다.

알아 둘 일본어 표현

스이카 카드 있나요?
スイカカードありますか。
스이카 카-도 아리마스까?

케이세이 혼센은 어딘가요?
京成本線はどこですか。
케-세- 혼센와 도꼬데스까?

한 개	**두 개**	**세 개**
1個	2個	3個
잇꼬	니꼬	상꼬

왼쪽	**오른쪽**	**왼쪽편**	**오른쪽편**
左	右	左側	右側
히다리	미기	히다리가와	미기가와

 **나리타 공항에서 도쿄로 싸고 빠르게 가는 법**

나리타 공항에서 도쿄 시내로 가는 방법 중 가격 대비 가장 빠르고 편한 방법이 바로 '케이세이 혼센(京成本線)'이라는 열차다. 최종 목적지에 따라 가격과 이동 시간이 조금씩 차이나지만 평균 1,500엔 내외로 2시간 정도 소요된다. 이보다 15분 정도 더 빠른 열차도 있지만, 가격은 2배 정도 더 비싸
니 '케이세이 혼센'을 타는 게 훨씬 실용적이다. 케이세이 혼센은 기본적으로 도쿄의 목적지가 닛포리와 우에노로 되어 있지만, 중간 또는 종점에서 환승해서 도쿄의 다른 동네로 가면 된다.

환승역 이름 묻기

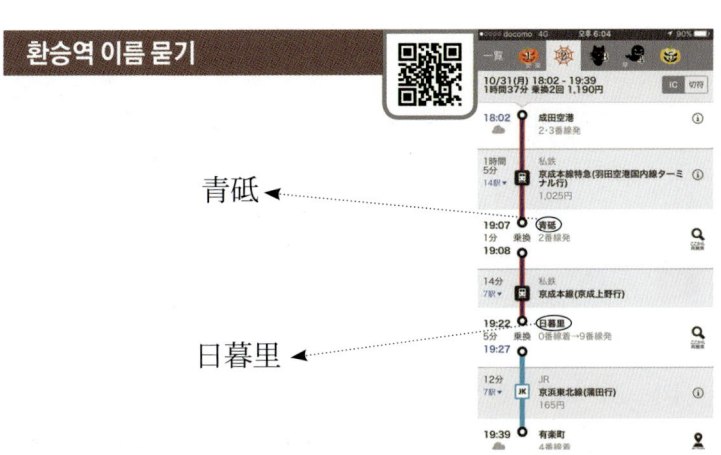

青砥

日暮里

전철에서 옆에 앉은 사람에게

니키: **すみません。あの、これ何て読みますか。**
스미마셍. 아노, **코레 난떼 요미마스까?**
실례합니다. 저기, **이거 뭐라고 읽나요?**

승객: 青砥です。
아오또데스.
아오토입니다.

니키: はい？
하이?
네?

승객: 青砥。
아오또.
아오토요.

Part 2 일본 여행 실제 상황

니키: あ、これは?
아, 코레와?
아, **이건요?**

승객: 日暮里。
닛뽀리.
닛포리.

니키: あ、ありがとうございます。
아, 아리가또-고자이마스.
아, 감사합니다.

🍎 알아 둘 일본어 표현

이거 뭐라고 읽나요?
これ何て読みますか。
코레 난떼 요미마스까?

네?
はい?
하이?

이건요?
これは?
코레와?

그건요?
それは?
소레와?

저건요?
あれは?
아레와?

 **일본인에게 질문하기**

일본인은 대부분 친절하다. 모르는 것이 있으면 가까이 있는 아무나 붙잡고 물어보자. 주위에 멋진 남자나 미녀가 있다면 이보다 더 좋은 기회는 없다. 혹시 모르잖아. 영화에서 보던 기분 좋은 만남이 나에게도 생길지.^^

교통 카드 잔액 부족

전철 개찰구가 열리지 않아서 직원에게 스이카 카드를 건네며

니키: あの、残金が足りなくて。
아노, 잔킨가 타리나쿠떼.
저기, 잔액이 부족해서요.

직원: はい。あと110円いただけますか。
하이. 아또 햐꾸쥬-엔 이따다케마스까?
네. 110엔 주시겠어요?

니키: はい。
하이.
네.

직원: はい、では、200円お預かりします。こちら90円のお返しですね。ありがとうございました。
하이, 데와, 니햐꾸엔 오아즈까리시마스. 코치라 큐쥬-엔노 오카에시데스네. 아리가또- 고자이마시따.
네, 200엔 받았습니다. 여기 90엔 거스름돈입니다. 감사합니다.

알아 둘 일본어 표현

잔액이 부족해서요.
残金が足りなくて。
잔킨가 타리나크떼.

(개찰구를) 잘못 들어왔는데요.
間違って入っちゃったんですけど。
마치갓떼 하잇짯딴데스케도.

니키의 꿀Tip 전철 개찰구가 열리지 않을 때

스이카나 파스모 등 교통 카드의 잔액이 부족하면 앞에 나온 상황처럼 개찰구가 열리지 않는다. 이럴 때는 개찰구 옆 부스 안의 직원에게 대화문처럼 "잔킨가 타리나크떼(잔액이 부족해서요)"라고 말하면서 교통 카드를 건네자. 그러면 직원이 지불해야 할 초과 비용을 알려준다. 부스가 없으면 부스가 붙어 있는 개찰구나 사무실을 찾아 직원에게 말하면 된다. 그리고 전철역에서 실수로 다른 노선 개찰구 안으로 들어갔다가 다시 나와야 하는 일이 있을 수 있는데, 전철을 타지 않고 같은 역에서 다시 밖으로 나가려고 하면 개찰구가 열리지 않는다. 이럴 때는 직원에게 "마치갓떼 하잇짯딴데스케도(실수로 들어와 버렸는데요)"라고 말하면서 카드를 건네면 된다.

숙소 체크인

직원: Hi. Are you checking in?
하이. 알 유 체킹 인?
안녕하세요. 체크인 하시나요?

니키: 予約したんですけど。
요야끄시딴데스케도.
예약했는데요.

직원: あ、わかりました。じゃ、こちらにお願いします。
아, 와까리마시따. 쟈, 코치라니 오네가이시마스.
네, 알겠습니다. 이쪽에 부탁합니다.

니키: はい。
하이.
네.

직원: お名前お伺いしてもよろしいですか。
오나마에 오우까가이시떼모 요로시이데스까?
성함을 여쭤봐도 될까요?

니키: ホンです。
홍데스.
홍입니다.

직원: ホン様、はい。パスポートはお持ちですか。
홍사마, 하이. **파스포-또와 오모치데스까?**
홍 님, 네. **여권은 가지고 계신가요?**
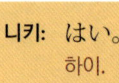

니키: はい。
하이.
네.

직원: はい、ありがとうございます。あと、すみません。こちら書いてください。
하이, 아리가또- 고자이마스. 아또, 스미마셍. 코치라 카이떼 크다사이.
네, 감사합니다. 그리고 이걸 작성해 주세요.
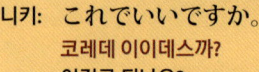

니키: これでいいですか。
코레데 이이데스까?
이걸로 되나요?

직원: あ、大丈夫です。ありがとうございます。こちらレシートになります。**お支払いは現金かカード、どちらになさいますか。**
아, 다이죠-브데스. 아리가또- 고자이마스. 코치라 레시-또니 나리마스. **오시하라이와 겐킨까 카-도, 도치라니 나사이마스까?**
아, 괜찮습니다. 감사합니다. 여기 영수증입니다. **결제는 현금과 카드 중에 뭘로 하시나요?**

니키: カードで。
카-도데.
카드로요.

직원: カードで。はい、かしこまりました。はい、ありがとうございます。はい、じゃ、**こちらサインお願いします**。あ、手で。はい。
카-도데. 하이, 카시코마리마시따. 하이, 아리가또- 고자이마스. 하이, 쟈, **코치라 사인 오네가이시마스**. 아, 테데. 하이.
카드로. 네, 알겠습니다. 네, 감사합니다. 네, 그럼 **여기 사인 부탁합니다**. 아, 손으로. 네.

직원: ありがとうございます。あと、よろしければ**E・メールの方**にレシート送れますが、いかがしましょうか。
아리가또- 고자이마스. 아또, 요로시케레바 **이-메-루노호**-니 레시-또 오쿠레마스가, 이까가시마쇼-까?
감사합니다. 그리고 괜찮으시면 **이메일**로 영수증을 보내 드릴 수 있는데 어떠세요?

니키: はい、お願いします。
하이, 오네가이시마스.
네, 그렇게 해 주세요.

직원: はい、ありがとうございます。こちら**鍵**になりますね。部屋は2階の216号室で、Rがベッド**の番号**になりますね。
하이, 아리가또- 고자이마스. 코치라 **카기**니 나리마스네. 헤야와 니카이노 니이치로끄고-시쯔데, 아-루가 **벳도노 방고**-니 나리마스네.
네, 감사합니다. 이게 **열쇠**입니다. 방은 2층 216호고, R이 **침대 번호**입니다.

직원: こちらは夜12時から朝7時の間に入口の方は鍵がかかってしまいます。
코치라와 요루 쥬-니지카라 아사 시치지노 아이다니 이리구치노 호-와 카기가 카캇떼 시마이마스.
이곳은 밤 12시부터 아침 7시 사이 입구가 잠겨 버립니다.

직원: このセンサーが外の右側にありまして、これつけていただくと扉が開きますので、鍵持って出かけてください。
코노 센사-가 소또노 미기가와니 아리마시떼, 코레 츠케떼 이따다크또 토비라가 히라키마스노데 카기 못떼 데카케데 크다사이.
밖의 오른쪽에 센서가 있어서 이걸 갖다 대면 문이 열리니 열쇠를 가지고 외출하세요.

니키: はい。
하이.
네.

68

직원: こちらがあの室内の**ロッカー**の鍵になります。あと2階なんですけど、シャワールームも同じ2階にございますので、そちらをご利用ください。
코치라가 아노 시쯔나이노 **롯카**-노 카기니 나리마스. 아또 니카이난데스케도, 샤와-루-므모 오나지 니카이니 고자이마스노데, 소치라오 고리요- 크다사이.
이것은 방에 있는 **사물함** 열쇠입니다. 그리고 2층 말인데요, 샤워 룸도 똑같이 2층에 있으니, 그곳을 이용해 주세요.

직원: こちらは午後5時以後**無料**で飲み物一杯もらえますね。
코치라와 고고 고지 이고 **무료**-데 노미모노 입파이 모라에마스네.
이 쿠폰은 오후 5시 이후 **무료**로 음료를 한 잔 드실 수 있습니다.

니키: どこでですか。
도꼬데데스까?
어디서요?

직원: あの、向こうのカフェですね。
아노, 무코-노 카훼데스네.
저기, 저쪽 카페에서요.

니키: はい、ありがとうございます。
하이, 아리가또- 고자이마스.
네, 감사합니다.

직원: 後は全部こちらに書いてありまして、Wi-Fiのパスワードはsocialapですね。
아또와 젠부 코치라니 카이떼 아리마시떼, **와이화이노 파스와-도**와 소시아루에이피- 데스네.
나머지는 전부 여기 적혀 있고, **와이파이 비밀번호는** socialap 입니다.

직원: チェックアウト時間は10時になりまして、ドミトリーの中にKey Boxって書いてある**かご**があります。そちらに鍵を入れてください。チェックアウトの時に。
첵꾸아우또 지캉와 쥬-지니 나리마시떼, 도미토리노 나카니 **키-복크숫떼** 카이떼아루 **카고**가 아리마스. 소치라니 카기오 이레떼 크다사이. 첵꾸아우또노 토키니.
체크아웃 시간은 10시고, 방 안에 Key Box라고 적힌 **바구니**가 있습니다. 그곳에 열쇠를 넣어 주세요. 체크아웃 할 때요.

니키: 10時ですか。11時？
쥬-지데스까? 쥬-이치지?
10시요? 11시?

직원: 10時ですね。
쥬-지데스네.
10시요.

알아 둘 일본어 표현

예약했는데요.
予約したんですけど。
요야끄시딴데스케도.

여권은 가지고 계신가요?
パスポートはお持ちですか。
파스포-또와 오모치데스까?

이걸로 되나요?
これでいいですか。
코레데 이이데스까?

결제는 현금과 카드 중에 뭘로 하시나요?
お支払いは現金かカードどちらになさいますか。
오시하라이와 겐킨까 카-도 도치라니 나사이마스까?

카드로.
カードで。
카-도데.

현금으로.
現金で。
겐킨데.

네, 그렇게 해 주세요.
はい、お願いします。
하이, 오네가이시마스.

여기 사인 부탁합니다.
こちらサインお願いします。
코치라 사인 오네가이시마스.

 ### 숙소 예약 사이트

단기 숙소 예약
아고다(호텔)　　　　　　https://www.agoda.com/ko-kr
호스텔 월드(호스텔)　　　http://www.korean.hostelworld.com
에어비앤비(민박&기타)　　https://www.airbnb.co.kr

쉐어하우스(월 단위 계약)
오크하우스　　　　　　　https://www.oakhouse.jp/kr
도쿄 쉐어하우스　　　　　https://tokyosharehouse.com (일본어, 영어)
E 게스트하우스　　　　　 http://e-guest.jp (일본어, 영어)

교통 카드 충전하기

화면 중앙의 교통 카드 버튼 누르기
(Suica든 Pasmo든 상관 없음)

 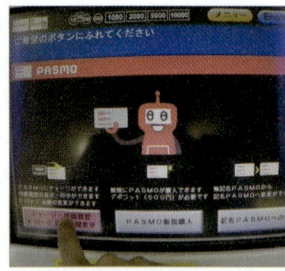

화면 아래 왼쪽의 '충전(チャージ)'
버튼 누르기

 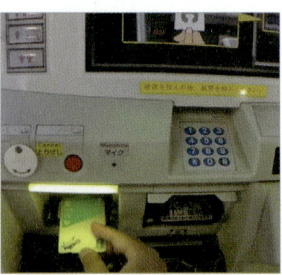

화면 아래 좌측에 교통 카드를 넣기

 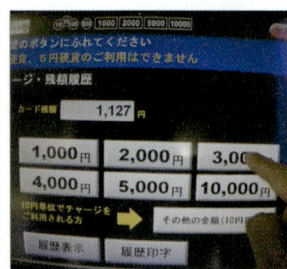

원하는 충전 금액 누르기

❺ 화면 아래 중앙에 현금을 넣기

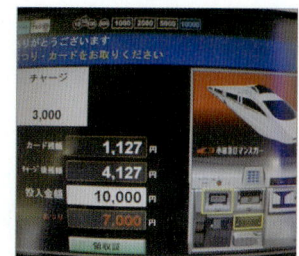

❻ 충전 완료!

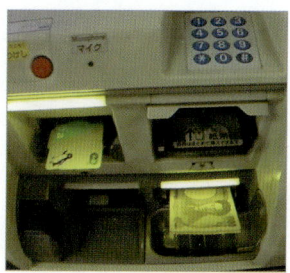

❼ 교통 카드와 거스름돈 챙기기

02
편의점, 슈퍼, 드럭 스토어, 돈키호테

드럭 스토어

점원: いらっしゃいませ。お会計1,317円でございます。
이랏샤이마세. 오카이케-센산뱌꾸쥬-나나엔데 고자이마스.
어서오세요. 총 1,317엔입니다.

점원: お会計失礼いたします。ポイントカードはよろしいですか。
오카이케- 시쯔레이 이따시마스. **포인또카-도와 요로시이데스까?**
계산하겠습니다. **포인트 카드는 괜찮으신가요?**

니키: 持ってません。
못떼마셍.
없습니다.

점원: お作りしましょうか。
오쯔크리시마쇼-까?
만들어 드릴까요?

니키: 大丈夫です。
다이죠-브데스.
괜찮습니다.

점원: はい、1,320円お預かりいたします。3円のお返しでございます。ありがとうございます。
하이, 센산뱌끄니쥬-엔 오아즈까리 이따시마스. 상엔노 오카에시데 고자이마스. 아리가또- 고자이마스.
네, 1,320엔 받았습니다. 거스름돈 3엔입니다. 감사합니다.

알아 둘 일본어 표현

포인트 카드는 괜찮으신가요?
ポイントカードはよろしいですか。
포인또카-도와 요로시이데스까?

아니요, 괜찮습니다.
いや、大丈夫です。
이야, 다이죠-브데스.

 니키의 꿀Tip 귀찮은 질문 한 번에 거절하기

상점이나 식당 등에서 계산할 때 점원이 포인트 카드나 앱을 가지고 있냐고 물어볼 때가 많다. 만약 없다고 대답하면 만들겠냐고 다시 물어볼 수 있으니까 그냥 처음부터 "이야, 다이죠-브데스(아니요, 괜찮습니다)"라고 말하자. 그러면 추가 질문을 줄일 수 있다.

슈퍼마켓 젓가락 질문

점원: こんにちは。いらっしゃいませ。546円ちょうだいいたします。**お箸はご利用ですか。**
곤니치와. 이랏샤이마세. 고햐끄욘쥬-로끄엔 쵸-다이 이따시마스. **오하시와 고리요-데스까?**
안녕하세요. 어서오세요. 546엔 되겠습니다. **젓가락 이용하시나요?**

니키: お願いします。
오네가이시마스.
부탁합니다.

점원: はい、2膳で大丈夫ですか。
하이, **니젠**데 다이죠-브데스까?
네, **2개** 드리면 될까요?

니키: はい。
하이.
네.

편의점 화장실 이용

니키: すみません。**トイレ借りてもいいですか。**
스미마셍. **토이레 카리떼모 이이데스까?**
실례합니다. **화장실 좀 써도 될까요?**

점원: はい、どうぞ。
하이, 도-조.
네, 그러세요.

🍎 알아 둘 일본어 표현

화장실 좀 써도 될까요?
トイレ借りてもいいですか。
토이레 카리떼모 이이데스까?

니키의 꿀Tip 편의점에서 화장실 이용하기

일본에서 길을 가다가 화장실이 급할 땐 편의점의 화장실을 이용할 수 있다. 이럴 때는 "토이레 카리떼모 이이데스까(화장실 좀 써도 될까요)?"라고 물어보자. 하지만 모든 편의점에 화장실이 있는 것은 아니어서 어떤 편의점은 입구에 화장실이 없다고 붙여 놓은 곳도 있다. 일본에서는 화장실만 이용하고 그냥 가는 손님을 얌체처럼 생각하는 경향이 있어서, 화장실을 이용한 사람은 대부분 껌이나 생수 등 저렴한 물건을 하나 구입하는 경우가 많다.

편의점 씰 질문

점원: ありがとうございます。こちらシールでもよろしいですか。
아리가또- 고자이마스. 코치라 **씨-루데모 요로시이데스까?**
감사합니다. 이거 **씰로 괜찮으신가요?**

니키: はい。
하이.
네.

점원: はい、123円です。はい、ちょうどいただきます。ありがとうございます。またお越しくださいませ。
하이, 햐꾸니쥬-상엔데스. 하이, 쵸-도 이따다키마스. 아리가또- 고자이마스. 마따 오코시 크다사이마세.
네, 123엔입니다. 네, 정확하게 받았습니다. 감사합니다. 또 오세요.

알아 둘 일본어 표현

씰로 괜찮으신가요? (봉지에 안 담아도 괜찮나요?)
シールでよろしいですか。
씨-루데 요로시이데스까?

테이프로 괜찮으신가요? (봉지에 안 담아도 괜찮나요?)
テープでよろしいですか。
테-쁘데 요로시이데스까?

봉지 질문 제대로 이해하기

일본 편의점에서 껌이나 음료수 등 작은 물건 하나만 사면 점원이 꼭 이상한 질문을 한다. "씨-루데 요로시이데스까(씰로 괜찮으신가요?)" 또는 "테-쁘데 요로시이데스까(테이프로 괜찮으신가요?)" 이 말은 계산을 마쳤다는 표시로 제품에 스티커만 붙여서 줘도 괜찮냐고 물어보는 건데, 봉지에 담지 않고 그냥 줘도 되냐는 질문을 이런 식으로 물어보는 것이다. "하이(네)"라고 대답하면 스티커만 붙여서 물건을 넘겨 준다. 이 스티커가 아무것도 아닌 것 같지만 혹시라도 도둑으로 오해를 받았을 때는 제품에 붙은 스티커를 증거로 보여주면 된다.

가게에서 동전 교환

점원: ありがとうございます。すみません、**テープで よろしいですか。**
아리가또- 고자이마스. 스미마셍, 테-쁘데 요로시이데스까?
감사합니다. 저기, **테이프로 괜찮으신가요?**

니키: はい。
하이.
네.

점원: ２円引きで100円ちょうだいいたします。1,000円 からお預かりします。900円お返しいたします。
니엔비키데 햐끄엔 쵸-다이 이따시마스. 셍엔카라 오아즈카리시마스. 큐-햐끄엔 오카에시 이따시마스.
2엔 할인해서 100엔 되겠습니다. 1,000엔 받았습니다. 잔돈 900엔입니다.

니키: すみません。あの、**これ10円玉でもらえますか。**
스미마셍. 아노, 코레 쥬-엔다마데 모라에마스까?
저기, **이거 10엔짜리 동전으로 받을 수 있을까요?**

점원: あ、サービスカウンターでできます。こちらではできないので、ごめんなさい。
아, 사-비스카운타-데 데끼마스. 코치라데와 데끼나이노데, 고멘나사이.
아, 서비스 카운터에서 가능합니다. 여기서는 되지 않아서, 죄송합니다.

니키: ありがとうございます。
아리가또- 고자이마스.
감사합니다.

서비스 카운터에서

니키: すみません。
스미마셍.
실례합니다.

점원: はい、いらっしゃいませ。
하이, 이랏샤이마세.
네, 어서 오세요.

니키: あの、これ10円玉に両替してもらえますか。
아노, 코레 쥬-엔다마니 료-가에시떼 모라에마스까?
저기, 이거 10엔짜리 동전으로 바꿀 수 있을까요?

점원: 10円玉に。はい。
쥬-엔다마니. 하이.
10엔짜리로요. 네.

점원: 1、2、3、4、5、6、7、8、9、10。はい。
이치, 니, 상, 시, 고, 로꾸, 시치, 하치, 큐-, 쥬-. 하이.
1, 2, 3, 4, 5, 6, 7, 8, 9, 10. 네.

니키: ありがとうございます。
아리가또- 고자이마스.
감사합니다.

알아 둘 일본어 표현

이거 10엔짜리 동전으로 받을 수 있을까요? (100엔짜리 동전, 1,000엔짜리 지폐)
これ10円玉でもらえますか。(100円玉, 1,000円札)
코레 쥬-엔다마데 모라에마스까? (햐꾸엔다마, 셍엔사쯔)

이거 10엔짜리 동전으로 바꿀 수 있을까요? (100엔짜리 동전, 1,000엔짜리 지폐)
これ10円玉に両替してもらえますか。(100円玉, 1,000円札)
코레 쥬-엔다마니 료-가에시떼 모라에마스까? (햐꾸엔다마, 셍엔사쯔)

 가장 알뜰하게 쇼핑할 수 있는 곳은?

일본에서 똑같은 물건이라도 여러 곳에서 살 수 있는데, 드럭 스토어보다는 돈키호테, 편의점보다는 슈퍼마켓이 더 저렴하다. 하지만 돈키호테 매장 중 의약품은 판매하지 않는 곳도 꽤 있다. 돈키호테는 신주쿠나 시부야 등 관광객이 많이 몰리는 곳은 움직이기 힘들 정도로 붐비니 가능하면 다른 동네의 매장을 이용하도록 하자.
http://www.donki.com

돈키호테 면세 구입

점원: いらっしゃいませ。レジごとにお並びお願いいたします。
이랏샤이마세. 레지고또니 오나라비 오네가이 이따시마스.
어서오세요. 계산대별로 줄을 서 주세요.

니키: 免税でお願いします。
멘제-데 오네가이시마스.
면세로 해 주세요.

점원: 免税、はい。
멘제-, 하이.
면세, 네.

점원2: 5,402円のお買い上げでございます。一回ここで 5,402円をもらいますね。事務作業終わったら免税分返します。8%お返しします。
고센용햐끄니엔노 오카이아게데 고자이마스. 잇카이 코꼬데 고센용햐끄니엔오 모라이마스네. 지무사교- 오왓따라 멘제-분 카에시마스. 하치파-센또 오카에시 시마스.
5,402엔 구입하셨습니다. 일단 이곳에서 5,402엔을 받겠습니다. 사무 작업이 끝나면 면세된 분만큼 돌려 드립니다. 8% 돌려 드립니다.

점원2: はい、すみません。じゃ、サインをお願いいたします。では、**レシートとパスポートお願いできますか**。こちらですね。
하이, 스미마셍. 쟈, 사인오 오네가이시마스. 데와, **레시-또또 파스포-또 오네가이 데끼마스까?** 코치라데스네.
그럼, 사인 부탁합니다. 다음은 **영수증과 여권 부탁드려도 될까요?** 이쪽입니다.

니키: はい。
하이.
네.

점원: はい、レシートとあと、はい、パスポート。ありがとうございます。
하이, **레시-또또** 아또, 하이, **파스포-또**. 아리가또- 고자이마스.
네, **영수증과** 여기 **여권** 받았습니다. 감사합니다.

점원: はい、お待たせいたしました。では、400円ですね。400円のお返しです。こちらお客様の控えです。**こちらとこちらにサインをお願いします。**
하이, 오마타세 이따시마시따. 데와, 용햐끄엔데스네. 용햐끄엔노 오카에시데스. 코치라 오캬끄사마노 히카에데스. **코치라또 코치라니 사인오 오네가이시마스.**
많이 기다리셨습니다. 그럼, 400엔이네요. 400엔 돌려드립니다. 이건 손님용 영수증입니다. **이곳과 이곳에 사인 부탁합니다.**

알아 둘 일본어 표현

면세로 해 주세요.
免税でお願いします。
멘제-데 오네가이시마스.

이곳과 이곳에 사인 부탁합니다.
こちらとこちらにサインをお願いします。
코치라또 코치라니 사인오 오네가이시마스.

 **면세로 구입한 물건은 어떻게 가져갈까?**

돈키호테 등의 상점에서 세금 포함 5,400엔 이상 물건을 살 때는 면세로 구입할 수 있다. 앞에 나온 대화문처럼 직원의 지시대로 여권을 보여주고 서류에 사인만 하면 된다. 면세로 구입한 제품은 일본에서 쓸 물건이 아니라 한국에 돌아가서 쓸 물건이라는 뜻이기 때문에 출국 전에는 상품을 뜯지 못하도록 밀봉을 해서 준다. 출국할 때 공항에서 확인을 한다는 것이다. 그런데 구입한 상품 중에 액체로 된 물건이 있으면 수화물로 실어야 할지, 확인을 위해 따로 가지고 있어야 할지 고민이 된다. 결론은 액체로 된 물건은 기내에 가지고 탈 수 없으니 무조건 수화물용으로 실어야 한다. 사실 면세로 구입한 물건을 공항에서 잘 확인하지 않는다. 그래도 혹시 모르니 액체로 된 물건을 포함하지 않는다면 기내에 들고 타도록 하자.

참고로 요즘 저가 항공사는 수화물 무게 제한이 15kg까지다. 이것을 많이 넘기면 1kg당 약 8,000원의 오버차지(추가 금액)를 내야 한다. 나는 6kg나 오버해서 약 5만 원의 오버차지를 냈고, 결국 저가 항공사가 아닌 일반 항공사를 이용한 것이나 마찬가지가 되었다. 공항에 수화물 무게를 직접 재어 볼 수 있는 저울이 준비되어 있으니 혹시 걱정되는 사람은 수화물을 싣기 전에 무게를 재어 보자. 저울이 보이지 않으면 아무 항공사 직원한테나 어디 있는지 물어보자.

드럭 스토어, 돈키호테
인기 쇼핑 리스트

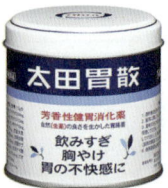
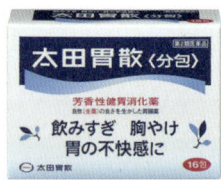

오-타이상(太田胃散) 소화제

캬베진 코와 아루파
(キャベジンコーワα)
위장 영양제

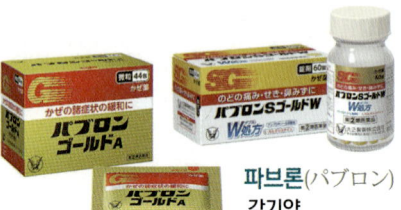

파브론(パブロン)
감기약

이브 퀵(EVE QUICK)
두통약

로이히츠보코
(ROIHI-TSUBOKO) 동전 파스

휴족시간(休足時間)
피곤한 다리에 붙이는 시트

사론 파스 (サロンパス)
파스

사카무케아(サカムケア)
상처 치료 및 방수

산테 FX 네오(sante FX NEO)
피곤한 눈에 넣는 안약

메구리즘 아이마스크
(めぐりズム) 수면 안대

시세이도 아넷사 선스크린(ANESSA)
자외선 차단제

퍼펙트 휩(Perfect Whip)
폼클렌징

03
관광, 쇼핑

지브리 미술관 입장

지브리 미술관 앞에서 줄을 서 있을 때 직원이 티켓과 신분증을 확인함

 직원: お待たせしました。はい、拝見しますね。何かお名前のわかるパスポートとか身分証などお持ちですか。
오마타세 시마시따. 하이, 하이켄시마스네. 나니까 오나마에노 와까루 **파스포-또또까 미분쇼-나도 오모치데스까?**
많이 기다리셨습니다. 네, 확인하겠습니다. 이름을 알 수 있는 **여권이나 신분증 등을 가지고 계신가요?**

니키: はい。
하이.
네.

직원: (티켓과 신분증을 받으며) はい、ありがとうございます。
(티켓과 신분증을 건내주며) はい、どうもありがとうございました。中ではチケットだけお渡しいただければ大丈夫です。
하이, 아리가또- 고자이마스. 하이, 도-모 아리가또- 고자이마시따. 나까데와 치켓또다케 오와타시 이따다케레바 다이죠-브데스.
네, 감사합니다. 네, 감사했습니다. 안에서는 티켓만 내시면 됩니다.

니키: はい。
하이.
네.

건물 입구에서

직원: こんにちは。
곤니치와.
안녕하세요.

니키: こんにちは。
곤니치와.
안녕하세요.

직원: 何名様でしょうか。
난메-사마데쇼-까?
몇 분이신가요?

니키: 一人です。
히또리데스.
한 명이요.

직원: かしこまりました。少しだけお待ちください。
카시코마리마시따. 스코시다케 오마치 크다사이.
알겠습니다. 잠시만 기다려 주세요.

니키: はい。
하이.
네.

직원: お待たせいたしました。
오마타세 이따시마시따.
많이 기다리셨습니다.

건물 안 데스크에서

직원: インフォメーションはEnglish、英語…えー。
인포메-슌와 잉그릿슈, 에-고, 에…….
안내서는 잉글리시, 영어, 음…….

니키: 日本語でもどっちでもいいですよ。
니홍고데모 돗치데모 이이데스요.
일본어든 뭐든 괜찮습니다.

직원: ありがとうございます。日本語お上手ですね。ありがとうございます。それじゃ、日本語で失礼しますね。
아리가또- 고자이마스. 니홍고 오죠-즈데스네. 아리가또- 고자이마스. 소레쟈, 니홍고데 시쯔레-시마스네.
감사합니다. 일본어 잘하시네요. 감사합니다. 그럼 일본어로 실례하겠습니다.

직원: あの、お写真はですね、ちょっとここから館内はご遠慮いただきたいんですけど、もしできればこれも外していただけるとうれしいんですが、カメラ。
아노, 오샤신와 데스네, 좃또 코꼬까라 칸나이와 고엔료 이따다키따잉 데스케도, 모시 데끼레바 코레모 하즈시떼 이따다케루또 우레시잉데스가, 카메라.
저기, 여기서부터 실내에서는 사진 촬영이 금지되어 있습니다. 가능하시면 이것도 넣어 주시면 좋겠는데요, 카메라요.

니키: あ、はい。わかりました。
아, 하이. 와까리마시따.
아, 네. 알겠습니다.

직원: 申し訳ないですね。例えば屋上などお**外**は撮影**大丈夫ですね**。中だけ、すみません。
모-시와케 나이데스네. 타또에바 오꾸죠-나도 오**소또와 사쯔에- 다이죠-브데스네**. 나까다케, 스미마셍.
죄송합니다. 예를 들어 옥상 같은 **실외에서는 촬영하셔도 괜찮습니다.** 실내에서만 안 됩니다.

직원: こちらが映画館の入場券ですね。15分ぐらいの短い映画をご覧いただけます。はい、ご協力ありがとうございます。
코치라가 **에-가캉노 뉴-죠-켄**데스네. 쥬-고훈 그라이노 미지카이 에-가오 고란 이따다케마스. 하이, 고쿄-료쿠 아리가또- 고자이마스.
이건 **영화관의 입장권**입니다. 15분 정도의 짧은 영화를 보실 수 있습니다. 네, 협조해 주셔서 감사합니다.

니키: えーとですね、英語のやつももらえますか。
에-또데스네. 에-고노 야쯔모 모라에마스까?
저기, 영어로 된 것도 받을 수 있을까요?

직원: 英語、わかりました。じゃ、英語ですね。
에-고, 와까리마시따. 쟈, 에-고데스네.
영어, 알겠습니다. 여기, 영어 버전입니다.

알아 둘 일본어 표현

여권이나 신분증 가지고 계신가요?
パスポートとか身分証などお持ちですか。
파스포-또또까 미분쇼-나도 오모치데스까?

몇 분이신가요?
何名様でしょうか。
난메-사마데쇼-까?

한 명이요. (두 명, 세 명, 네 명)
一人です。(二人、三人、四人)
히또리데스. (후따리, 산닝, 요닝)

지브리 미술관 입장권은
출국 전달 10일에 예매하기

도쿄의 인기 관광지 하면 아사쿠사 센소지, 메이지 신궁, 디즈니 씨, 지브리 미술관, 오다이바, 하코네 온천 등이 있다. 이 중에 지브리 미술관은 현장에서 입장권을 판매하지 않고 매달
10일부터 다음 달 입장권을 선착순으로 판매하는데, 하나투어나 지브리 홈페이지 또는 일본 로손 편의점에서 구입할 수 있다.

지브리 홈페이지에서 입장권을 예매할 때는 일본어와 영어가 지원되는데, 각기 장단점이 있다. 우선 영어로 예매할 때는 신용카드로 결제하고, 예매 후 My Page의 예매 내역만 출력해서 나중에 지브리 미술관에 입장할 때 이것과 여권만 보여주면 된다. 일본어 사이트는 로손 회원만 예매할 수 있어서 중간에 로손 사이트에서 회원가입을 하고 나서 계속 진행해야 한다. 결제 후 지브리 미술관 입장 전까지 일본의 로손 편의점에 가서 멀티미디어 단말기인 롯피(Loppi)에서 예약번호와 전화번호 등을 입력해 입장권 교환권을 출력하고, 그것을 다시 편의점 직원에게 건네고 입장권으로 교환받아야 한다.

예매하는 과정은 영어 사이트에서 구입하는 것이 훨씬 간단하지만, 영어 사이트에 할당된 표가 일본어 사이트보다 훨씬 적어서 일본어 사이트는 예매를 시작한 지 며칠이 지나도 표가 꽤 있지만, 영어 사이트는 하루이틀 만에 표가 거의 매진되어 버린다. 그러니 영어 사이트로 예매할 사람은 전달 10일 최대한 빨리 예매를 시작해야 원하는 날짜의 입장권을 구할 수 있다.

일본에 가기 전 포털 사이트에서 '지브리 입장권'으로 검색하면 하나투어에서 판매하는 지브리 입장권을 찾을 수 있는데, 하나투어에서는 롯폰기힐즈 전망대 입장권과 같이 묶어서 팔기 때문에 롯폰기힐즈 전망대에 갈 생각이 없어도 어쩔 수 없이 함께 사야 한다. 그렇지만 외국어로 예매하는 것이 번거로운 사람은 이게 가장 편한 방법이긴 하다. 하나투어의 티켓도 가능한 빨리 예매하는 것이 좋다.

지브리 미술관 입장권은 성인 1,000엔, 중고생 700엔, 어린이 400엔으로, 지브리 작품들의 제작 과정과 짧은 애니메이션도 관람할 수 있어서 어린이와 지브리 팬들에게는 꼭 추천한다. 지브리 미술관은 기치조지의 이노카시라 공원 안에 있는데, 이 공원도 정말 아름다우니 지브리 미술관에 가지 않더라도 이 공원은 꼭 한 바퀴 돌아 보길 권한다.

지브리 입장권 예매 방법

지브리 미술관: http://www.ghibli-museum.jp

화면의 English 버튼 클릭

화면 좌측 메뉴의 Tickets 클릭

❸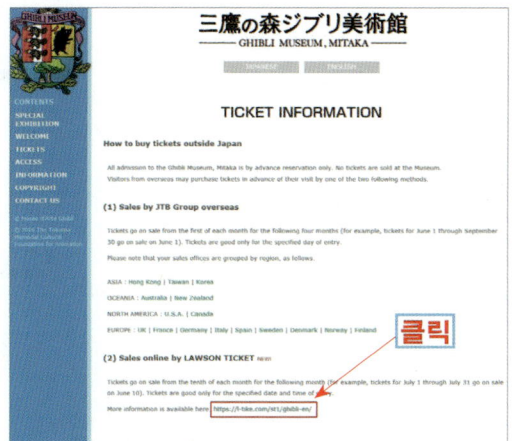

Lawson Ticket의 링크 클릭

❹

화면 하단 우측의 Select 클릭

예매 가능한 날짜와 시간을 골라서 클릭
(○는 티켓이 많음, △는 티켓이 조금 남았다는 표시)

 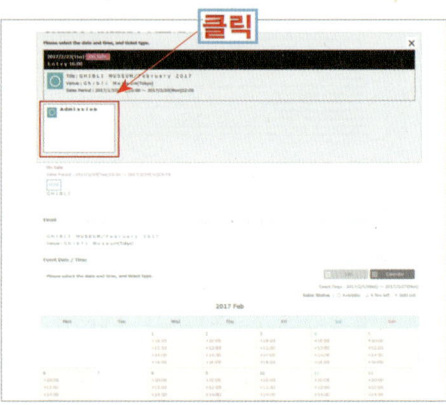

화면 상단 좌측의 Admission 클릭

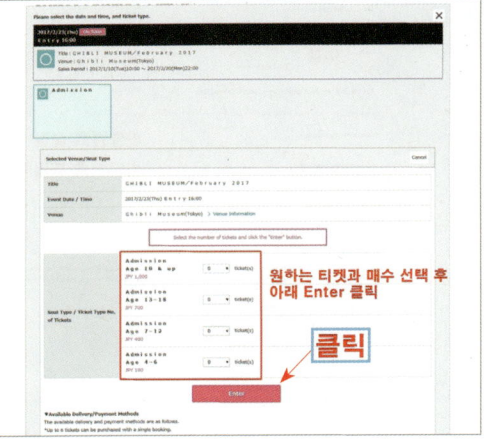

화면 중앙의 티켓과 매수 선택 후 Enter 클릭

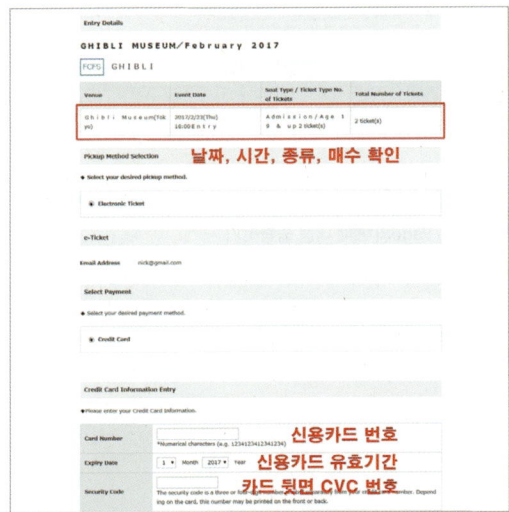

화면 중앙의 날짜, 시간, 종류, 매수 확인 후에
화면 아래로 내려가서 신용카드 정보 입력

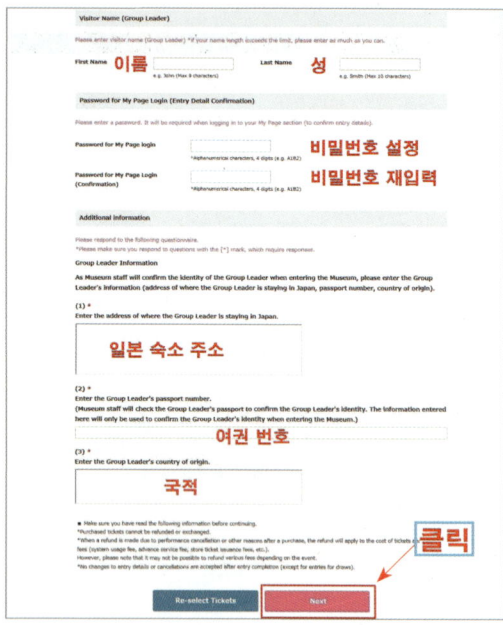

나머지 정보 입력 후 Next 클릭

* 다음 페이지에서도 계속 지시에 따라 진행한 후, 마지막에 My Page의 예매 내용 출력하기

에비스 맥주 박물관

1층 안내 데스크에서

니키: こんにちは。
곤니치와.
안녕하세요.

직원: こんにちは。
곤니치와.
안녕하세요.

니키: エビスツアーしたいんですけど、どうすればいいんですか。
에비스 쯔아- 시따이데스케도, 도-스레바 이잉데스까?
에비스 투어를 하고 싶은데, 어떻게 하면 되나요?

직원: ありがとうございます。**下の階に**ツアーカウンターがございますので、**そちらへお進みください。**
아리가또- 고자이마스. **시타노 카이**니 쯔아- 카운타-가 고자이마스노데, **소치라에 오스스미 크다사이.**
감사합니다. **아래층**에 투어 카운터가 있으니, **그쪽으로 가시면 됩니다.**

니키: ありがとうございます。
아리가또- 고자이마스.
감사합니다.

투어 카운터에서

직원: ご来館ありがとうございます。
고라이칸 아리가또- 고자이마스.
방문해 주셔서 감사합니다.

니키: こんにちは。エビスツアーしたいんですけど。
곤니치와. 에비스 쯔아- 시따잉데스케도.
안녕하세요. 에비스 투어를 하고 싶은데요.

직원: はい、ありがとうございます。１名様？
하이, 아리가또- 고자이마스. **이치메-사마?**
네, 감사합니다. **한 분이세요?**

니키: はい。
하이.
네.

직원: ありがとうございます。次は14時40分の回ご案内いたします。本日、自転車含めて運転のご予定はございませんでしょうか。
아리가또- 고자이마스. 쯔기와 쥬-요지 욘쥿푼노 카이 고안나이 이따시마스. **혼지쯔, 지텐샤 후크메떼 운뗀노 고요테-와 고자이마셍 데쇼-까?**
감사합니다. 다음 14시 40분 회로 안내해 드리겠습니다. **오늘 자전거 포함해서 운전 예정이 없으신가요?**

니키: はい。
하이.
네.

직원: エビスビールをお召し上がりでしょうか。
에비스 비-루오 오메시아가리 데쇼-까?
에비스 맥주를 드실 건가요?

니키: はい。
하이.
네.

직원: はい、ありがとうございます。500円でございます。はい、失礼いたします。1,000円お預かりいたします。500円のお返しとレシートでございます。ご確認くださいませ。
하이, 아리가또- 고자이마스. 고햐꾸엔데 고자이마스. 하이, 시쯔레-이따시마스. 셍엔 오아즈까리 이따시마스. 고햐꾸엔노 오카에시또 레시-또데 고자이마스. 고카끄닝 크다사이마세.
네, 감사합니다. 500엔입니다. 네, 실례하겠습니다. 1,000엔 받았습니다. 500엔 거스름돈과 영수증입니다. 확인 부탁합니다.

직원: ご参加ありがとうございます。こちらのカードをお首もとにつけてご参加ください。まもなくスタートいたします。奥にございます緑のソファーに座ってお待ちください。
고상카 아리가또- 고자이마스. **코치라노 카-도오 오크비모또니 츠케떼 고상카 크다사이.** 마모나크 스타-또 이따시마스. 오끄니 고자이마스 미도리노 소화-니 스왓떼 오마치 크다사이.
참가 감사합니다. **이 카드를 목에 걸고 참가해 주세요.** 곧 시작합니다. 안쪽에 있는 초록색 소파에 앉아서 기다려 주세요.

알아 둘 일본어 표현

에비스 투어를 하고 싶은데요.
エビスツアーしたいんですけど。
에비스 쯔아- 시따잉데스케도.

어떻게 하면 되나요?
どうすればいいんですか。
도-스레바 이잉데스까?

오늘 자전거 포함해서 운전 예정이 없으신가요?
本日、自転車含めて運転のご予定はございませんでしょうか。
혼지쯔, 지텐샤 후크메떼 운뗀노 고요테-와 고자이마셍 데쇼-까?

에비스 맥주를 드실 건가요?
エビスビールをお召し上がりでしょうか。
에비스 비-루오 오메시아가리 데쇼-까?

이 카드를 목에 걸고 참가해 주세요.
こちらのカードをお首もとにつけて ご参加ください。
코치라노 카-도오 오크비모또니 츠케떼 고상카 크다사이.

 **에비스 맥주 박물관**

일본에서 가장 맛있는 맥주라고 할 수 있는 에비스 맥주 박물관이 에비스역 근처에 있다. 한국에는 많이 알려져 있지 않지만, 삿포로 맥주의 프리미엄 브랜드라고 생각하면 된다. 원래는 각각 다른 회사였지만 에비스 맥주가 삿포로 맥주에 합병되었다. 투어 참가비 500엔을 내면 일본 맥주 역사에 관한 투어를 받고 인기 에비스 맥주 두 가지도 마실 수 있다. 아쉽게도 투어 가이드는 일본어로만 아주 친절하게 설명을 해준다.

도쿄국립박물관 입장하기

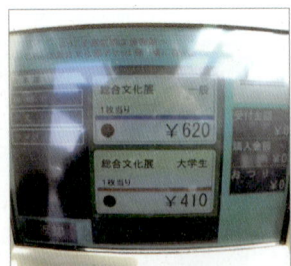

❶ 화면 좌측의 '한국어' 버튼을 누른다.

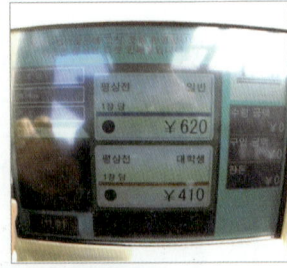

❷ 위와 같이 화면이 한국어로 바뀐다.

❸ 화면 하단에 돈을 넣는다.
(5천 엔짜리는 쓸 수 없다고 적혀 있다.)

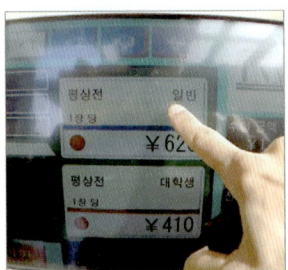

❹ 화면 상단의 매수를 확인하고 '일반'을 누른다.

우에노역 근처에 도쿄국립박물관과 도쿄대학교가 있으니 두 곳 모두 구경하면 좋을 것 같다. 도쿄국립박물관은 입장료가 620엔인데 매표소에서 구입하려면 직원에게 일본어로 말해야 하지만, 자동 발권기를 이용하면 한국어가 지원되니 쉽게 입장권을 구입할 수 있다. 도쿄국립박물관 본관 뒤편에 있는 정원과 도쿄대학교의 산시로 연못이 둘 다 정말 예쁘니 꼭 구경하자.

화면 아래에 입장권과 거스름돈이 나온다.

입장권을 입구에 있는 직원에게 보여주고 입장하면 된다.

GAP 매장

탈의실 앞에서

점원: 一着ご試着でよろしいですね。こちらをご利用ください。**カーペットの手前で靴をお脱ぎください。**
잇챠끄 고시챠끄데 요로시이데스네. 코치라오 고리요- 크다사이. **카-펫또노 테마에데 크쯔오 오누기 크다사이.**
한 벌만 입어 보시면 되는 거죠. 이곳을 이용하시면 됩니다. **카펫 앞에서 신발을 벗어 주세요.**

니키: はい。
하이.
네.

계산대 앞에서

점원: 畳ませていただいてよろしいですか。
타따마세떼 이따다이떼 요로시이데스까?
개어 드려도 괜찮을까요?

니키: はい。
하이.
네.

점원: こちらお値段変わりまして、3,450円でございます。

코치라 오네당 카와리마시떼, 산젠용햐꼬고쥬-엔데 고자이마스.
이거 가격이 바껴서 3,450엔 입니다.

니키: クレジットカード使えますか。
크레짓또 카-도 츠카에마스까?
신용카드 되나요?

점원: はい、可能でございます。お支払い方法は一括でよろしいですか。

하이, 카노-데 고자이마스. 오시하라이 호-호-와 잇까쯔데 요로시이데스까?
네, 가능합니다. **결제는 일시불로 괜찮으신가요?**

니키: はい。
하이.
네.

점원: はい。カードお返しいたします。お手数ですがこちらにサインお願いいたします。こちら、お客様控えでございます。ありがとうございます。またお越しくださいませ。

하이. 카-도 오카에시 이따시마스. 오테스-데스가 **코치라니 사인 오네가이 이따시마스.** 코치라, 오캬꼬사마 히카에데 고자이마스. 아리가또- 고자이마스. 마따 오코시 크다사이마세.
네. 카드 돌려 드립니다. 번거롭지만 **이곳에 사인 부탁 드립니다.** 이것은 손님 영수증입니다. 감사합니다. 또 들려 주세요.

알아 둘 일본어 표현

카펫 앞에서 신발을 벗어 주세요.
カーペットの手前で靴をお脱ぎください。
카-펫또노 테마에데 크쯔오 오누기 크다사이.

신용카드 되나요?
クレジットカード使えますか。
크레짓또 카-도 츠카에마스까?

일시불로 괜찮으신가요?
一括でよろしいですか。
잇까쯔데 요로시이데스까?

3개월 할부로 해 주세요. (5개월)
３回払いでお願いします。(５回)
상카이 바라이데 오네가이시마스. (고카이)

이곳에 사인 부탁합니다.
こちらにサインお願いいたします。
코치라니 사인 오네가이 이따시마스.

가능한 한 신용카드는 쓰지 말자

일본에서 결제 금액이 작지 않은 경우는 신용카드를 자주 사용했는데, 나중에 카드 명세서를 받아 보고는 깜짝 놀랐다. 수수료는 얼마 되지 않지만 최악의 환율로 계산이 된 것이다. 여러분은 어느 나라든 해외여행을 간다면 환전을 충분히 하고, 신용카드 말고 꼭 현금으로 결제하길 바란다. 현금이 없어서 어쩔 수 없이 카드로 결제할 때는 "크레짓또카-도 츠카에마스까(신용카드 되나요)?"라고 물어보면 된다. 카드로 결제할 때는 점원이 꼭 "잇까쯔데 요로시이데스까(일시불로 괜찮으신가요)?"라고 물어보는데, 이때는 "하이(네)" 또는 "상까이 바라이데(3개월 할부로)" 등으로 대답하면 된다.

무인양품

니키: すみません。
스미마셍.
여기요.

점원: いらっしゃいませ。お待たせいたしました。無印良品のアプリやカードをお持ちですか。
이랏샤이마세. 오마타세 이따시마시따. **무지루시료-힌노 아푸리야 카-도오 오모치데스까?**
어서 오세요. 오래 기다리셨습니다. **무인양품 앱이나 카드 가지고 계신가요?**

니키: いや、大丈夫です。
이야, 다이죠-브데스.
아뇨, 괜찮습니다.

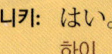
점원: はい、かしこまりました。お会計2,480円でございます。カードお預かりいたします。**一回払いでよろしいですか。**
하이, 카시코마리마시따. 오카이케- 니센용햐끄하치쥬-엔데 고자이마스. 카-도 오아즈까리 이따시마스. **잇카이바라이데 요로시이데스까?**
네, 알겠습니다. 2,480엔입니다. 카드 받았습니다. **일시불로 괜찮으신가요?**

니키: はい。
하이.
네.

점원: ご署名は不要でございます。カードのお返しでございます。
고쇼메-와 후요-데 고자이마스. 카-도노 오카에시데 고자이마스.
서명은 하지 않으셔도 됩니다. 카드 돌려 드립니다.

니키: これって今セール中ですか。
코렛떼 이마 세-루츄-데스까?
이거 지금 세일 중인가요?

점원: そうですね。今お試しで少し安くなっております。
소-데스네. 이마 오타메시데 스코시 야스쿠낫떼 오리마스.
맞아요. 지금 시험 삼아 조금 할인하고 있습니다.

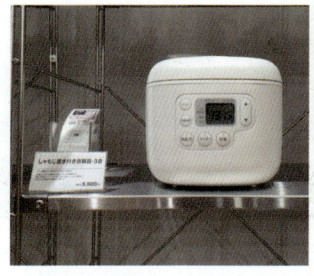

알아 둘 일본어 표현

무인양품 앱이나 카드 가지고 계신가요?
無印良品のアプリやカードをお持ちですか。
무지루시료-힌노 아푸리야 카-도오 오모치데스까?

일시불로 괜찮으신가요?
一回払いでよろしいですか。
잇카이바라이데 요로시이데스까?

서명은 하지 않으셔도 됩니다.
ご署名は不要でございます。
고쇼메-와 후요-데 고자이마스.

상품 교환 & 환불

점원: すみません。お待たせいたしました。
스미마셍. 오마타세 이따시마시따.
죄송합니다. 많이 기다리셨습니다.

니키: さっきこれを買ったんですけど、これに取り替えられますか。
삭끼 코레오 캇딴데스케도, 코레니 토리카에라레마스까?
아까 이거 샀는데 이걸로 바꿀 수 있을까요?

점원: はい、レシート……。
하이, 레시-또…….
네, 영수증…….

니키: はい。
하이.
네.

점원: ムジ・パスポートご利用されてます？
무지 파스포-또 고리요-사레떼마스?
무지 패스포트 앱 사용하셨나요?

니키: はい。

하이.
네.

점원: ちょっとお借りしてよろしいですか。

좃또 오카리시떼 요로시이데스까?
잠시 가져가도 괜찮을까요?

니키: はい。

하이.
네.

점원: どうぞおかけになってお待ちください。

도-조 오카케니낫떼 오마치 크다사이.
앉아서 기다려 주세요.

점원이 무지 앱이 깔려 있는 스마트폰을 들고 어딘가 갔다가 돌아옴

점원: お値段が変わるので、後ですね、600円ですね。

오네당가 카와루노데, 아또데스네, 롯퍄꾸엔데스네.
가격이 바껴서 600엔 더 주시면 됩니다.

니키: はい。

하이.
네.

점원: はい、もう少々お待ちくださいませ。
하이, 모-쇼-쇼- 오마치 크다사이마세.
네, 조금만 더 기다려 주세요.

점원: こちらにですね。あの、**ご署名だけいただいてよろしいですか**。はい、ありがとうございます。じゃ、新しいレシートでございます。
코치라니데스네. 아노 **고쇼메-다케 이따다이떼 요로시이데스까?** 하이, 아리가또- 고자이마스. 쟈, 아따라시이 레시-또데 고자이마스.
이곳에 **서명해 주시겠어요?** 네, 감사합니다. 여기, 새 영수증입니다.

니키: ありがとうございます。
아리가또- 고자이마스.
감사합니다.

알아 둘 일본어 표현

아까 이거 샀는데요. (어제, 얼마 전에)
さっき これ買ったんですけど。(昨日、この間)
삭끼 코레 캇딴데스케도. (키노-, 코노아이다)

교환할 수 있나요?
交換できますか。
코-캉 데끼마스까?

반품할 수 있나요?
返品できますか。
헨삥 데끼마스까?

이거 교환하고 싶은데요.
これ交換したいんですけど。
코레 코-캉 시따잉데스케도.

이거 반품하고(환불받고) 싶은데요.
これ返品したいんですけど。
코레 헨삥 시따잉데스케도.

잠시 가져가도 괜찮을까요?
ちょっとお借りしてよろしいですか。
좃또 오카리시떼 요로시이데스까?

 **교환이나 환불을 받고 싶을 때**

한국에서는 물건을 샀다가 교환이나 환불을 받는 경우가 종종 있지만, 일본에서는 환불은 가끔 해도 교환하는 일은 많지 않다고 한다. 아주 비싼 물건이 아니면 교환이 아니라 그냥 다시 구입한다고 한다. 어쨌든 우리는 일본인이 아니니 교환받고 싶을 때는 "코레 코-캉 시따잉데스케도(이거 교환하고 싶은데요)"라고 말하고, 환불받고 싶을 때는 "코레 헨삥 시따잉데스케도(이거 반품하고 싶은데요)"라고 말하면서 영수증을 건네주면 된다. 영수증 없이 말만 하면 어차피 점원이 영수증을 보여 달라고 할 것이다.

의류 편집샵 OSHMAN'S

니키: すみません。あの、あれ、**男性用ですか、女性用ですか**。
스미마셍. 아노, 아레, 단세-요-데스까, 죠세-요-데스까?
여기요. 저기, 저거 **남성용인가요, 여성용인가요?**

점원: えーと、今このフロアは基本的にメンズウェアになっているので、男性用になります。
에-또, 이마 코노 후로아와 기혼떼키니 **맨즈웨아**니 낫떼이루노데 단세-요-니 나리마스.
이 층은 기본적으로 **남성 의류**여서 남성용입니다.

니키: あ、そうですか。**試着してもいいですか**。
아, 소-데스까? **시챠꾸시떼모 이이데스까?**
아, 그렇군요. **입어 봐도 될까요?**

점원: あ、大丈夫です。
아, 다이죠-브데스.
아, 됩니다.

니키: 試着室は……。
시챠끄시쯔와…….
탈의실은…….

점원: 試着室はこちらになるので、えーと、ご希望のサイズは？
시챠끄시쯔와 코치라니 나루노데, 에-또 **고키보-노 사이즈와?**
탈의실은 이쪽인데, **희망 사이즈가?**

니키: Mサイズ。
에무사이즈.
M사이즈.

점원: Mサイズですね。
에무사이즈데스네.
M사이즈요.

점원이 M사이즈 후드티를 골라 탈의실을 안내함

점원: 一番手前の、こちらです。
이치방 테마에노, 코치라데스.
가장 앞쪽에, 이쪽입니다.

탈의실에서 나온 후

니키: レジ、どこですか。
레지, 도꼬데스까?
계산대 어딘가요?

점원: 階段降りていただいて左手になります。
카이당 오리떼이따다이떼 히다리테니 나리마스.
계단을 내려가서 왼쪽편입니다.

니키: このまま持って行くんですか。
코노마마 못떼 이쿤데스까?
이대로 들고 가나요?

점원: はい。
하이.
네.

알아 둘 일본어 표현

이거 남성용인가요, 여성용인가요?
これ男性用ですか、女性用ですか。
코레 단세-요-데스까, 죠세-요-데스까?

입어 봐도 되나요? (상의)
試着してもいいですか。
시챠끄시떼모 이이데스까?

입어 봐도 되나요? (하의, 신발)
履いてみてもいいですか。
하이떼미떼모 이이데스까?

희망 사이즈가?
ご希望のサイズは？
고키보-노 사이즈와?

계산대 어딘가요?
レジ、どこですか。
레지, 도꼬데스까?

이대로 들고 가나요?
このまま持って行くんですか。
코노마마 못떼 이큰데스까?

 니키의 꿀Tip   옷을 입어 봐도 되는지 물어볼 때 상의와 하의는 다르게 질문한다

우리말로 옷을 '입다'는 상의든 하의든 모두 똑같지만, 일본에서는 상의는 '키루(着る)', 하의와 신발은 '하크(履く)'라고 구분해 표현한다. 그래서 입어 봐도 되는지 물어볼 때도 상의냐 하의냐에 따라 다르다. 상의는 "시챠끄시떼모 이이데스까?", 하의나 신발은 "하이떼미떼모 이이데스까?"라고 물어보면 된다.

유니클로 자매 브랜드 GU

긴자의 GU 매장 건물 뒤편 입구에서

니키: すみません。ジーユーの入り口はどこですか。
스미마셍. 지-유-노 **이리그치와 도꼬데스까?**
저기, GU **입구가 어딘가요?**

관리인: はい、こっちですよ。
하이, 콧치데스요.
네, 이쪽입니다.

니키: あ、こっちですか。どうも。
아, 콧치데스까? 도-모.
아, 이쪽인가요? 감사합니다.

점원: いらっしゃいませ。ありがとうございました。**ご案内させていただきます。**こちら店員におっしゃってくださいませ。**お手伝いさせていただきます。**
이랏샤이마세. 아리가또- 고자이마시따. **고안나이사세떼 이따다키마스.** 코치라 텡잉니 옷샷떼 크다사이마세. **오테쯔다이사세떼 이따다키마스.**
어서오세요. 감사합니다. **안내해 드리겠습니다.** 점원에게 말해 주세요. **도와 드리겠습니다.**

자동계산대의 직원이 고른 옷과 신발을 받아서 계산대에 넣어 줌

점원: お客様、ジーユーのアプリはいかがでしょうか。
오캬꼬사마, 지-유-노 아푸리와 이까가데쇼-까?
손님, GU 앱 갖고 계신가요?

니키: はい？
하이?
네?

점원: ジーユーのアプリがございますけど。
지-유-노 아푸리가 고자이마스케도.
GU 앱이 있는데요.

니키: 持ってないんです。
못떼나잉데스.
없습니다.

점원: そうですか。すみません。こちらですね、**スタートのボタンからお進みくださいませ**。ありがとうございます。
소-데스까. 스미마셍. 코치라데스네, **스타-또노 보땅카라 오스스미 크다사이마세**. 아리가또- 고자이마스.
그렇군요. 죄송합니다. 이쪽입니다. **시작 버튼부터 진행해 주세요.** 감사합니다.

자동계산대에서 계산 후

> 점원: どうもありがとうございます。お手伝いさせていただきます。**こちらに行ってお進みくださいませ。**
> 도-모 아리가또- 고자이마스. 오테쯔다이 사세떼 이따다키마스. **코치라니 잇떼 오스스미 크다사이마세.**
> 감사합니다. 도와 드리겠습니다. **이쪽에 가서 진행해 주세요.**

알아 둘 일본어 표현

입구가 어딘가요?
入り口はどこですか。
이리그치와 도꼬데스까?

안내해 드리겠습니다.
ご案内させていただきます。
고안나이사세떼 이따다키마스.

도와 드리겠습니다.
お手伝いさせていただきます。
오테쯔다이사세떼 이따다키마스.

GU 앱 갖고 계신가요?
ジーユーのアプリはいかがでしょうか。
지-유-노 아푸리와 이까가데쇼-까?

시작 버튼부터 진행해 주세요.
スタートのボタンからお進みくださいませ。
스타-또노 보땅카라 오스스미 크다사이마세.

이쪽에 가서 진행해 주세요.
こちらに行ってお進みくださいませ。
코치라니 잇떼 오스스미 크다사이마세.

유니클로보다 저렴한 GU

GU는 유니클로의 자매 브랜드로, 유니클로보다 더 저렴한 브랜드다. 유니클로도 일본쪽이 한국보다 싼데, 그러면 GU는 어느 정도 쌀지 아마 상상이 갈 것이다. 길거리에서 일본 여자가 신은 스니커즈를 보고 예뻐서 물어보고 GU에 가서 구입하긴 했지만, 사실 남자 스니커즈는 그렇게 예쁘지 않았다. 어쨌든 2천 엔밖에 하지 않으니 여자 스니커즈는 추천한다. 그외에도 모든 의류가 저렴하니 한번쯤 쇼핑 삼아 들러 보면 좋을 것 같다.

http://www.gu-japan.com

편의점 ATM에서
한국 은행카드로 출금하기

❶

화면 아래 카드 투입구에
현금카드 넣기

❷

화면에서 '출금' 버튼 누르기

❸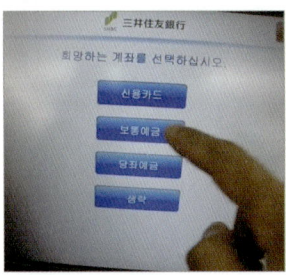

'보통예금' 버튼 누르기

❹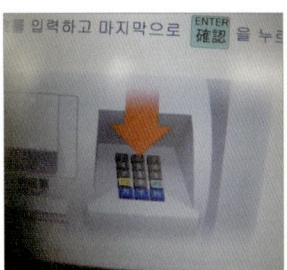

화면 아래에서 비밀번호를 누르고
Enter 버튼 누르기

한국에서 쓰던 은행 현금카드 뒷면에 Cirrus 또는 Plus 마크가 있으면 외국의 ATM에서도 돈을 출금할 수 있다. 일본 은행의 ATM은 거래가 안 되는 곳이 있으니, 편의점 안에 있는 ATM을 이용하면 한글도 지원되고 편리하다. 수수료는 비싸지 않지만 환율이 좋지는 않으니 한국에서 환전을 넉넉하게 해서 가는 것이 낫고, 꼭 필요할 때만 외국의 ATM 기기를 쓰도록 하자.

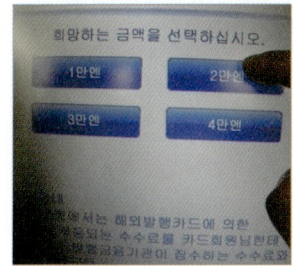

원하는 금액 누르기

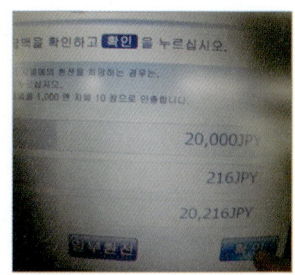

수수료 확인하고 '확인' 버튼 누르기

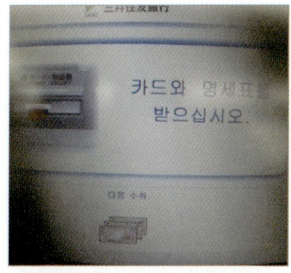

화면 아래에서 카드와 명세표 받기

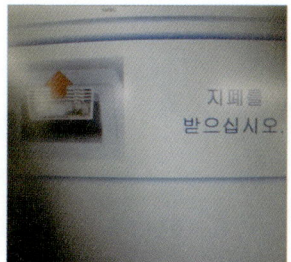

화면 아래에서 지폐 꺼내기

04
커피숍

도토루 커피

점원: いらっしゃいませ。
이랏샤이마세.
어서오세요.

니키: カフェモカください。
카훼모카 크다사이.
카페모카 주세요.

점원: はい、ホットとアイスは？
하이, 홋또또 아이스와?
네, 따뜻한 거랑 차가운 거 중에 뭘로 드릴까요?

니키: アイスで。
아이스데.
차가운 거요.

점원: サイズは？
사이즈와?
사이즈는요?

니키: エスで。
에스데.
스몰 사이즈요.

점원: Sサイズで、かしこまりました。こちらでお召し上がりですか。
에스 사이즈데, 카시코마리마시따. **코치라데 오메시아가리데스까?**
스몰 사이즈로, 알겠습니다. **여기서 드시나요?**

니키: はい、ここで。
하이, 코꼬데.
네, 여기서.

점원: 330円ちょうだいいたします。
산뱌끄산쥬-엔 쵸-다이 이따시마스.
330엔 되겠습니다.

점원: 350円お預かりいたします。
산뱌끄고쥬-엔 오아즈까리 이따시마스.
350엔 받았습니다.

점원: こちらが20円のお返しです。ありがとうございます。

코치라가 니쥬-엔노 오카에시데스. 아리가또- 고자이마스.
여기 20엔 거스름돈입니다. 감사합니다.

🍎 알아 둘 일본어 표현

카페모카 주세요.
カフェモカください。
카훼모카 크다사이.

따뜻한 거랑 차가운 거 중에 뭘로 드릴까요?
ホットとアイスは？
홋또또 아이스와?

차가운 거요.
アイスで。
아이스데.

따뜻한 거요.
ホットで。
홋또데.

사이즈는요?
サイズは？
사이즈와?

스몰 사이즈요.
エスで。
에스데.

미디엄 사이즈요.
エムで。
에무데.

여기서 드시나요?
こちらでお召し上がりですか。
코치라데 오메시아가리데스까?

도토루 커피에서
와이파이 쓰기

❶
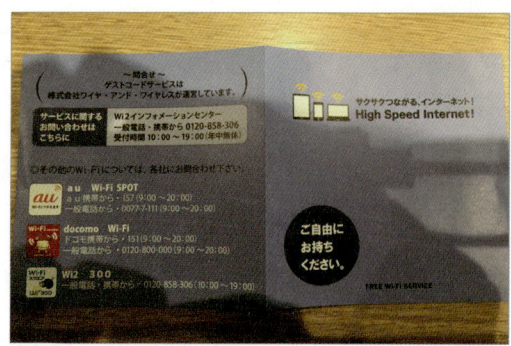

도토루 커피 매장에 있는 와이파이 이용 안내장이다. 보이지 않으면 점원에게 "와이화이 아리마스까?"라고 물어보자.

❷

QR코드 리더 앱을 이용해 QR코드를 찍는다. 일본어와 영어 중 선택할 수 있다.

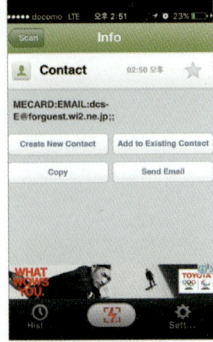

이메일 주소가 하나 뜨는데, 메일 보내기 버튼을 누르거나 잘 안 되면 주소를 복사해서 이메일 주소창에 갖다 붙여서 보낸다.

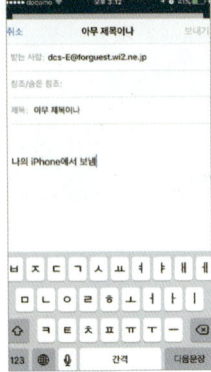

아무 제목이나 입력하고 발송 버튼을 누른다. 아이러니한 것은 당장 인터넷이 안 되면 이메일을 보낼 수 없다는 것이다. 일본 심카드가 꽂힌 스마트폰을 가지고 있고 노트북으로 와이파이를 쓸 목적이거나, 그게 아니면 주위에 스마트폰을 가진 일본인에게 부탁해야 한다.

이와 같이 코드(Guest Passcode)가 적힌 답장이 온다.

와이파이를 설정하는 곳에서 Wi2premium을 선택한다.

이와 같은 창이 뜨면 상단 탭의 게스트(ゲスト)를 선택하고 코드 입력 후 Enter를 누른다. 자동으로 창이 안 뜨면 윈도우 창을 하나 열면 된다. 종종 게스트 탭이 없는 오류가 날 때가 있다.

이용 감사 문구가 뜨고 와이파이가 연결된다.

타리즈 커피

점원: こんにちは。
곤니치와.
안녕하세요.

니키: カフェラテください。
카훼라떼 크다사이.
카페라떼 주세요.

점원: はい、かしこまりました。ホットとアイスはいかがなさいますか。
하이, 카시코마리마시따. 홋또또 아이스와 이까가 나사이마스까?
네, 알겠습니다. 따뜻한 거랑 차가운 거 중에 어떻게 드릴까요?

니키: ホットで。
홋또데.
따뜻한 거요.

점원: サイズはいかがなさいますか。
사이즈와 이까가 나사이마스까?
사이즈는 어떻게 드릴까요?

니키: ショートで。
쇼-또데.
숏트 사이즈요.

점원: はい、店内でお召し上がりですか。
하이, 텐나이데 오메시아가리데스까?
네, 가게 안에서 드시나요?

니키: 持ち帰りで。
모치카에리데.
가져갈 거예요.

점원: お手持ちでよろしいですか。
오테모치데 요로시이데스까?
손으로 들고 가도 괜찮으신가요?

니키: はい。
하이.
네.

점원: はい、ショートサイズホットのカフェラテ360円でございます。
하이, 쇼-또 사이즈 홋또노 카훼라떼 산뱌꼬로꾸쥬-엔데 고자이마스.
네, 숏트 사이즈 따뜻한 카페라떼 360엔입니다.

점원: **1万円お預かりします。**
이치만엔 오아즈까리시마스.
1만 엔 받았습니다.

점원: **確認お願いいたします。お先に５、６、７、８、９千円お渡しです。こちら640円のお渡しです。ありがとうございます。奥のカウンターお進みください。**
카꾸닝 오네가이 이따시마스. 오사키니 고, 로꾸, 나나, 하치, 큐셍엔 오와타시데스. 코치라 롯퍄꾸욘쥬-엔노 오와타시데스. 아리가또- 고자이마스. **오꾸노 카운타- 오스스미 크다사이.**
확인 부탁합니다. 먼저 5, 6, 7, 8, 9천 엔 드립니다. 여기 640엔 잔돈입니다. 감사합니다. **안쪽 카운터로 가시면 됩니다.**

점원: **お待たせいたしました。ショートサイズホットのカフェラテお持ち帰り用でございます。お待たせしました。ありがとうございます。**
오마타세 이따시마시따. 쇼-또 사이즈 홋또노 카훼라떼 오모치카에리요-데 고자이마스. 오마타세 시마시따. 아리가또- 고자이마스.
많이 기다리셨습니다. 숏트 사이즈 따뜻한 카페라떼 테이크아웃입니다. 많이 기다리셨습니다. 감사합니다.

알아 둘 일본어 표현

따뜻한 거랑 차가운 거 중에 어떻게 드릴까요?
ホットとアイスはいかがなさいますか。
훗또또 아이스와 이까가 나사이마스까?

사이즈는 어떻게 드릴까요?
サイズはいかがなさいますか。
사이즈와 이까가 나사이마스까?

숏트 사이즈요.
ショートで。
쇼-또데.

톨 사이즈요.
トールで。
토-루데.

가게 안에서 드시나요?
店内でお召し上がりですか。
텐나이데 오메시아가리데스까?

가져갈 거예요.
持ち帰りで。
모치카에리데.

손으로 들고 가도 괜찮으신가요?
お手持ちでよろしいですか。
오테모치데 요로시이데스까?

안쪽 카운터로 가시면 됩니다.
奥のカウンターお進みください。
오꾸노 카운타- 오스스미 크다사이.

타리즈 커피에서
와이파이 쓰기

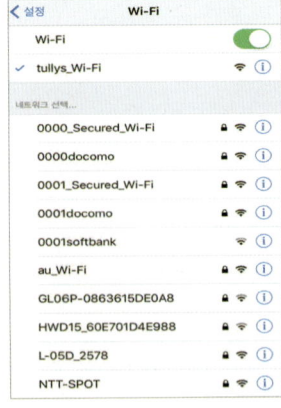

와이파이를 설정하는 곳에서
tullys Wi-Fi를 선택한다.

인터넷창을 열면 이와 같은 화면이 뜬다.

❸

상단의 언어 선택을 한국어로 하고, 중앙의 '인터넷에'라는 버튼을 누른다. 언어를 안 바꾸고 중앙의 버튼을 바로 눌러도 상관 없다.

❹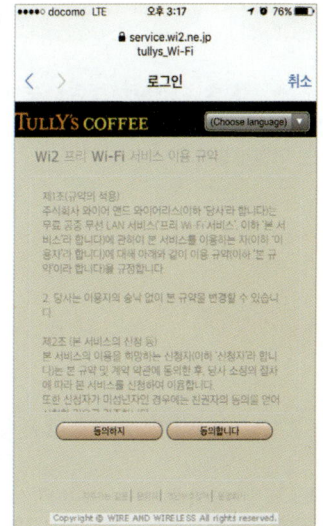

'동의합니다' 버튼을 누르면 와이파이가 연결된다.

스타벅스

점원: お待たせいたしました。お伺いいたします。
오마타세 이따시마시따. 오우카가이 이따시마스.
오래 기다리셨습니다. 주문 받겠습니다.

니키: キャラメルマキアートお願いします。
캬라메루 마키아-또 오네가이시마스.
캬라멜 마키아또 부탁합니다.

점원: かしこまりました。大きさいかがなさいますか。
카시코마리마시따. **오오키사 이까가 나사이마스까?**
알겠습니다. **크기는 어떻게 할까요?**

니키: ショートで。
쇼-또데.
숏트 사이즈요.

점원: ショートサイズで。ホットとアイスはどちらに なさいますか。
쇼-또 사이즈데. **홋또또 아이스와 도치라니 나사이마스까?**
숏트 사이즈요. **따뜻한 것과 차가운 것 중 뭘로 하시겠어요?**

니키: アイスで。
아이스데.
아이스요.

점원: アイスで。かしこまりました。ショートサイズアイスのキャラメルマキアートがお一つで、会計410円でございます。
아이스데. 카시코마리마시따. 쇼-또 사이즈 아이스노 캬라메루 마키아-또가 오히토쯔데, 카이케- 용햐꾸쥬-엔데 고자이마스.
아이스요. 알겠습니다. 숏트 사이즈 아이스 캬라멜 마키아또 하나 410엔입니다.

점원: 1,000と10円お預かりいたします。
셍엔또 쥬-엔 오아즈까리 이따시마스.
천 엔과 10엔 받았습니다.

점원: 600円のお返しとレシートです。右奥のバーカウンターからお出しいたします。
롯퍄꾸엔노 오카에시또 레시-또데스. **미기오꾸노 바-카운타-카라 오다시 이따시마스.**
600엔 거스름돈과 영수증입니다. **오른쪽 안쪽의 바 카운터에서 내드리겠습니다.**

니키: はい、ここWi-Fiありますか。
하이, 코꼬 와이화이 아리마스까?
네, 여기 와이파이 되나요?

점원: Wi-Fi 2階で飛ばしてるので、2階の方がつながると思います。
와이화이 **니까이**데 토바시떼루노데, 니까이노 호-가 쯔나가루 또 오모이마스.
와이파이를 **2층**에 켜 놔서, 2층에서 연결될 거예요.

알아 둘 일본어 표현

캬라멜 마키아또 부탁합니다.
キャラメルマキアートお願いします。
캬라메루 마키아-또 오네가이시마스.

크기는 어떻게 할까요?
大きさいかがなさいますか。
오오키사 이까가 나사이마스까?

따뜻한 것과 차가운 것 중 뭘로 하시겠어요?
ホットとアイスはどちらになさいますか。
홋또또 아이스와 도치라니 나사이마스까?

오른쪽 안쪽의 바 카운터에서 내드리겠습니다.
右奥のバーカウンターからお出しいたします。
미기오꾸노 바-카운타-카라 오다시 이따시마스.

여기 와이파이 되나요?
ここWi-Fiありますか。
코꼬 와이화이 아리마스까?

1층	**2층**	**지하**
1階	2階	地下
익까이	니까이	치카

스타벅스에서 와이파이 쓰기

1 스마트폰으로 페이스북, 트위터, 구글 등의 앱을 쓰는 경우

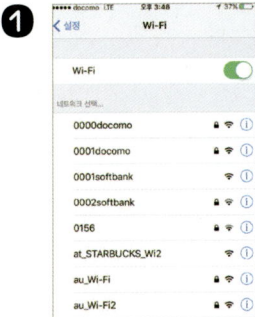

와이파이를 설정하는 곳에서 STARBUCKS Wi2를 선택한다.

인터넷 창을 열면 이런 화면이 뜨는데, 하단에 자신이 가지고 있는 SNS 앱을 선택해서 누른다.

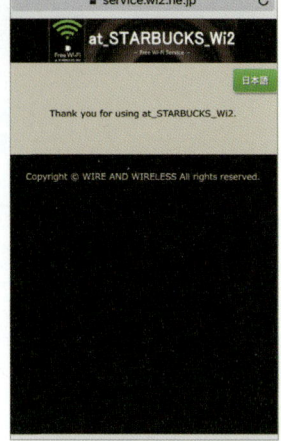

이용 감사 인사가 뜬다.

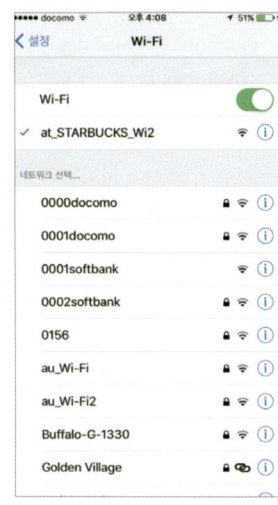

이와 같이 스타벅스 와이파이가 연결된다.

2 SNS 계정이 없는 경우

❶ 스타벅스 매장에 있는 와이파이 이용 안내장이다.
설탕과 시럽 등이 있는 곳에 놓여 있다.

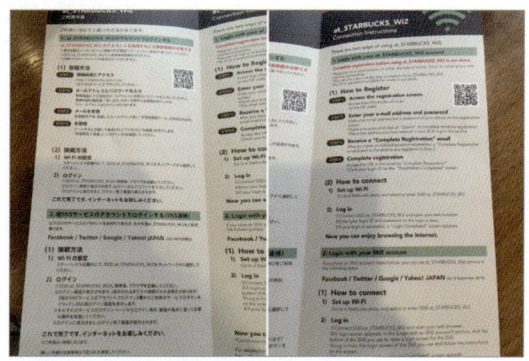

❷ QR코드 리더 앱을 이용해 QR코드를 찍는다.
일본어와 영어 중 선택할 수 있다.

QR코드로 이와 같은 창을 열 수 있다. '회원가입(sign up)'을 누른다.

이메일과 비밀번호를 입력한 뒤, '동의(I agree)'에 체크하고, '확인(Confirm)'을 누른다.

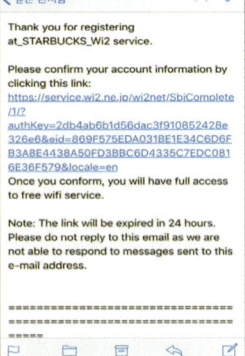

이와 같은 이메일이 오는데, 링크를 누르면 회원가입이 완료된다.

와이파이를 설정하는 곳에서 STARBUCKS Wi2를 선택한다.

인터넷 창을 열면 이와 같은 화면이 뜨는데, 아이디(이메일)와 패스워드를 입력하고, 'Login'을 누르면 와이파이가 연결된다.

05
라멘

잇푸도

점원: いらっしゃいませ、１名様ですか。カウンターのお席でもよろしいですか。
이랏샤이마세, 이치메-사마데스까? **카운타-노 오세끼데모 요로시이데스까?**
어서오세요. 한 분이신가요? **카운터 자리도 괜찮으신가요?**

니키: はい。
하이.
네.

니키: すみません。これください。
스미마셍. **코레 크다사이.**
여기요. **이거 주세요.**

점원: 白丸で。麺の硬さは？
시로마루데. **멘노 카타사와?**
시로마루로. **면은 얼마나 익힐까요?**

니키: 普通で。
후쯔-데.
보통으로요.

점원: 大変お待たせいたしました。
타이헨 오마타세 이따시마시따.
오래 기다리셨습니다.

점원: 白丸お一つ790円になります。1,000円お預かりいたします。210円のお返しです。**レシートは大丈夫ですか。**
시로마루 오히토쯔 나나햐꾸-쥬-엔니 나리마스. 셍엔 오아즈까리 이따시마스. 니햐꾸쥬-엔노 오카에시데스. **레시-또와 다이죠-브데스까?**

시로마루 하나 790엔입니다. 천 엔 받았습니다. 210엔 거스름돈입니다. **영수증은 괜찮으신가요?**

니키: はい、大丈夫です。
하이, 다이죠-브데스.
네, 괜찮습니다.

점원: ありがとうございます。
아리가또- 고자이마스.
감사합니다.

알아 둘 일본어 표현

카운터 자리도 괜찮으신가요?
カウンターのお席でもよろしいですか。
카운타-노 오세끼데모 요로시이데스까?

면은 얼마나 익힐까요?
麺の硬さは？
멘노 카타사와?

면 추가 부탁합니다.
替玉お願いします。
카에다마 오네가이시마스.

이거 주세요.
これください。
코레 크다사이.

보통으로요.
普通で。
후쯔-데.

작은 면 추가 부탁합니다.
小玉お願いします。
코다마 오네가이시마스.

 돈코츠 라멘 맛집

후쿠오카에서 시작한 잇푸도(一風堂)는 돈코츠 라멘치고 많이 느끼하지 않아서 처음 먹는 사람도 별 거부감 없이 맛있게 먹을 수 있다. 라멘은 시로마루, 아까마루, 카라카멘 등이 있는데, 이 중 시로마루가 기본 돈코츠 라멘으로 대표 메뉴다. 이곳은 "멘노 카타사와?"라면서 면을 익힌 정도를 꼭 물어보는데, 특별히 딱딱한 면을 좋아하는 사람이 아니라면 "후쯔-데(보통으로)"라고 하면 된다. 시로마루를 맛있게 먹었지만, 교자와 볶음밥(챠-항)도 맛있어 보였다. 양은 보통으로 나오는데, 부족한 사람은 면만 더 추가할 수도 있다. 면 추가는 양에 따라 130엔의 '카에다마'와 그보다 적은 양의 80엔 하는 '코다마'가 있다. 면을 추가 주문할 때는 "카에다마 오네가이시마스" "코다마 오네가이시마스"라고 하면 된다. 도쿄의 에비스, 긴자, 롯폰기를 비롯해 전국 주요 도시에 점포가 있다.

http://www.ippudo.com

아후리

입구의 식권 발권기에서 시오라멘 식권을 뽑아서 빈 자리로 감

점원: スープ淡麗かまろ味をお選びいただけます。淡麗がベースのスープですね。まろ味が鳥の油が多めに入ってます。
스-프 단레-까 마로아지오 **오에라비 이따다케마스**. 단레-가 베-스노 스-프데스네. 마로아지가 **토리노 아부라가 오오메니** 하잇떼마스.
국물은 단레와 마로아지 중에서 **선택하실 수 있습니다.** 단레가 **기본 국물**이고, 마로아지는 **닭고기 기름이 많이** 들어 있습니다.

니키: おすすめは何ですか。
오스스메와 난데스까?
추천하시는 건 뭔가요?

점원: 初めてでしたらベースのスープ淡麗をおすすめします。
하지메떼데시따라 베-스노 스-프 단레-오 **오스스메시마스**.
처음이시면 기본 국물인 단레를 **추천합니다**.

니키: はい、淡麗で。
하이, 단레-데.
네, 단레로 할게요.

점원: 淡麗、はい。
단레-, 하이.
단레, 네.

니키: すみません。コップもらえますか。
스미마셍. 콥쁘 모라에마스까?
여기요. 컵 주시겠어요?

점원: 少々お待ちください。
쇼-쇼- 오마치 크다사이.
잠시만 기다려 주세요.

알아 둘 일본어 표현

국물은 단레와 마로아지 중에서 선택하실 수 있습니다.
スープ淡麗かまろ味をお選びいただけます。
스-프 단레-까 마로아지오 오에라비 이따다케마스.

추천하시는 건 뭔가요?
おすすめは何ですか。
오스스메와 난데스까?

컵 주시겠어요?
コップもらえますか。
콥쁘 모라에마스까?

 **가게가 너무 예쁜 시오라멘 맛집**

'아후리(afuri)'는 닭 육수를 베이스로 하여 깔끔한 맛이 특징이고, 유자가 들어간 유즈시오라멘과 유즈쇼유라멘이 대표 메뉴다. 에비스, 긴자, 나카메구로 등 도쿄를 중심으로 가게가 있다. 입구의 식권 발권기에서 구입한 식권을 점원에게 건네면 담백한 국물인 '단레-'와 기름기가 많고 진한 '마로아지' 두 가지 중에서 뭘로 할지 물어본다. 너무 느끼한 걸 좋아하지 않는 사람은 '단레'를 추천한다. 참고로, 기본 시오라멘을 단레로 먹었는데 담백하니 맛있었다. 츠케멘도 판매하는데 맛있어 보였다. 보통 라멘집에서 담백한 맛은 '앗사리(あっさり)', 진한 맛(기름기 많음)은 '콧떼리(こってり)'라고 부른다. 다른 라멘집에서 '콧떼리'를 선택해서 먹은 적이 있는데, 국물이 죽에 가까울 정도로 진하고 느끼해서 먹다 말고 나올 정도였다.

http://afuri.com

이치란

입구의 식권 발권기에서 인기 'NO.1'이라고 적힌 라멘을 뽑아서 빈 자리로 감

점원: いらっしゃいませ。ご来店ありがとうございます。**ご記入終わりましたら前のボタンでお呼びください。**失礼いたします。
이랏샤이마세. 고라이텐 아리가또- 고자이마스. **고키뉴- 오와리 마시따라 마에노 보땅데 오요비 크다사이.** 시쯔레-이따시마스.
어서오세요. 찾아 주셔서 감사합니다. **다 작성하시면 앞에 있는 버튼으로 불러 주세요.** 실례합니다.

니키: はい。
하이.
네.

점원: 前を失礼いたします。ありがとうございます。こちらお預かりいたします。ご注文は全て確認いたしました。
마에오 시쯔레- 이따시마스. 아리가또- 고자이마스. 코치라 오아즈까리 이따시마스. 고츄-몽와 스베떼 카끄닝 이따시마시따.
앞쪽에 실례하겠습니다. 감사합니다. 이거 가져가겠습니다. 주문은 모두 확인했습니다.

점원: 前を失礼いたします。お待たせいたしました。
それではごゆっくりどうぞ。失礼いたします。
마에오 시쯔레- 이따시마스. 오마타세 이따시마시따. 소레데와
고육끄리 도-조. 시쯔레- 이따시마스.
앞쪽에 실례하겠습니다. 많이 기다리셨습니다. 그럼 천천히 드세요. 실례하겠습니다.

🍎 알아 둘 일본어 표현

다 작성하시면 앞에 있는 버튼으로 불러 주세요.
ご記入終わりましたら前のボタンでお呼びください。
고키뉴- 오와리마시따라 마에노 보땅데 오요비 크다사이.

 **돈코츠 라멘 맛집 면 추가 제대로 챙겨 먹기**

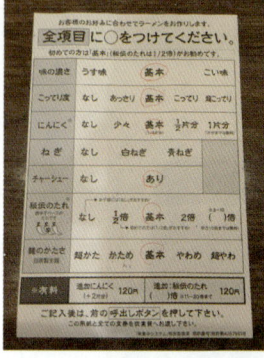

'이치란(一蘭)'은 후쿠오카에서 시작한 돈코츠 라멘 전문점으로, 전국에 매장이 있다. 도쿄에는 롯폰기, 하라주쿠, 시부야, 시모키타자와 등의 번화가에 있는데, 테이블이 없고 모두 1인석으로 입구의 식권 발권기에서 식권을 구입해서 원하는 자리에 앉으면 된다. 라멘 종류는 한 가지로, 라멘은 790엔, 라멘+카에다마(替玉, 면 추가)로 된 것은 980엔이다. 이곳은 양이 적으니 980엔짜리를 추천한다. 자리로 가면 주문 용지에 맛의 진하기(味の濃さ), 기름기 정도(こってり度), 소스의 매운 정도(秘伝のたれ), 면의 딱딱한 정도(麺のかたさ) 등을 선택해서 동그라미 표시한다. 가게에서 추천하는 것은 모두 기본(基本)이고, 차슈(チャーシュー)는 없음(なし)과 있음(あり), 파는 없음(なし), 흰 파(白ねぎ), 푸른 파(青ねぎ) 중에서 취향에 따라 선택하면 된다. 매운 걸 좋아하는 사람은 고추 그림이 있는 것을 기본이 아니라 2배(2倍)를 선택해도 좋을 것 같다. 표시가 끝나면 벨을 눌러 점원을 부른다.
면 추가된 식권을 구입한 경우 점원이 주문 용지를 가져가면서 자리에 '카에다마 기본면(替玉 基本麺)'이라고 적힌 작고 네모난 금속 접시를 두고 간다. 라멘을 반 이상 먹었을 때쯤 금속 접시를 버튼 위에 올려놓으면 자동으로 벨이 울리면서 점원이 면을 추가로 갖다 준다. 혹시 자동벨이 울리지 않거나 점원이 오지 않으면 버튼을 눌러서라도 점원을 부르면 된다.

http://www.ichiran.co.jp

야스베

가게 앞 식권 발권기에서 츠케멘 보통을 뽑아서 가게로 들어감

점원: いらっしゃいませ。１名様、どうぞ。麺は冷たい麺でよろしいですか。
이랏샤이마세. 이치메-사마, 도-조. **멘와 츠메따이 멘데 요로시이데스까?**
어서오세요. 한 분 앉으세요. **면은 차가운 면으로 괜찮으신가요?**

니키: いや、あつもりで。
이야, **아쯔모리데.**
아니요, **따뜻한 면으로.**

점원: つけ麺の並盛りです。ごゆっくりどうぞ。
츠케멘노 나미모리데스. 고육끄리 도-조.
츠케멘 보통입니다. 천천히 드세요.

알아 둘 일본어 표현

면은 차가운 면으로 괜찮으신가요?	**따뜻한 면으로요.**
麺は冷たい麺でよろしいですか。	あつもりで。
멘와 츠메따이 멘데 요로시이데스까?	**아쯔모리데.**

일본은 지금 츠케멘 열풍

이번에 일본에 가서 '츠케멘'이란 것을 처음 먹어 봤는데, 이렇게 맛있는 걸 왜 이제야 알았을까 하는 생각이 들었다. 츠케멘은 면과 진한 국물을 따로 주고 면을 국물에 찍어 먹는 라멘이다. 최근 몇 년 전부터 일본에서는 츠케멘이 인기를 끌면서 지금은 대부분의 라멘집에서 츠케멘을 팔지만, 특히 '야스베(やすべえ)'는 인기 츠케멘 전문점으로 시부야, 신주쿠, 이케부쿠로 등 도쿄의 번화가에 매장이 있다.

메뉴는 기본 츠케멘(つけ麺)과 매콤한 카라미 츠케멘(辛味つけ麺), 미소 츠케멘(みそつけ麺) 등이 있는데, 처음 먹는 사람은 기본 츠케멘을 추천한다. 모든 츠케멘은 코모리(小盛り, 소), 나미모리(並盛り, 보통), 츄-모리(中盛り, 중), 오오모리(大盛り, 대) 4가지 사이즈가 있으며, 가격이 모두 같은 게 특징이다. 이 집은 '나미모리'만 해도 양이 꽤 많으니 알아서 선택하자. 입구의 식권 발권기에서 식권을 뽑아서 점원에게 전달하면 "츠메따이 멘데 요로시이데스까(차가운 면으로 괜찮으신가요)?"라고 물어보는데, 차가운 면은 국물에 찍어 먹을 때마다 국물이 식으니까 "이야, 아쯔모리데(아니요, 따뜻한 면으로)"라고 말하자. 이게 더 맛있다. 식권을 건넸는데 점원이 물어보지 않는다면, 이때 "아쯔모리데"라고 말하면 된다.

http://www.yasubee.com

멘야무사시

점원: 何名様でしょうか。
난메-사마데쇼-까?
몇 분이신가요?

니키: 一人です。
히또리데스.
한 명이요.

점원: はい、かしこまりました。
하이, 카시코마리마시따.
네, 알겠습니다.

식권 발권기에서 츠케멘 식권을 구입함

점원: 空いてる席へどうぞ。
아이떼루 세끼에 도-조.
빈자리에 앉으세요.

자리를 잡고 점원에게 식권을 건넴

점원: 並盛、中盛、大盛、特盛お選びいただけます。
나미모리, 츄-모리, 오오모리, 토크모리 오에라비 이따다케마스.
보통, 중, 대, 특대 중에서 고르실 수 있습니다.

니키: 並盛で。
나미모리데.
보통으로요.

점원: 並盛。かしこまりました。少々お待ちください。
나미모리. 카시코마리마시따. 쇼-쇼- 오마치 크다사이.
보통으로. 알겠습니다. 잠시만 기다려 주세요.

🍎 알아 둘 일본어 표현

빈자리에 앉으세요.
空いてる席へどうぞ。
아이떼루 세끼에 도-조.

보통, 중, 대, 특대 중에서 고르실 수 있습니다.
並盛、中盛、大盛、特盛お選びいただけます。
나미모리, 츄-모리, 오오모리, 토크모리 오에라비 이따다케마스.

중간으로요.　　　　　**많은 양으로요.**
中盛で。　　　　　　　大盛で。
츄-모리데.　　　　　　오오모리데.

츠케멘이 훨씬 더 맛있는 라멘 맛집

'멘야무사시(麵屋武蔵)'는 신주쿠에 있는 라멘 맛집으로 주말이나 휴일에 가면 패키지 여행으로 온 관광객이 엄청 많으니 가능하면 평일에 갈 권한다. 처음 갔을 때 이곳의 대표 메뉴라고 할 수 있는 무사시 라멘을 먹었는데, 가격만 비싸고 엄청 짜서 완전 실망하고 반만 먹고 나온 기억이 있다.

근데 특이한 점은 나 외에 대부분의 손님들은 츠케멘을 먹고 있었다는 것이다. 이때는 몰랐는데 야스베에서 츠케멘을 먹어 보고 나서 '멘야무사시'에 다시 가서 츠케멘을 먹어 봐야겠다는 생각이 들었다. 그래서 다시 가서 츠케멘을 먹었더니, 맙소사! 최고인줄 알았던 야스베의 츠케멘보다 이곳의 츠케멘이 더 맛있는 게 아닌가! 이곳은 차슈가 스테이크만큼 두꺼운 것이 특징인데, 일반 라멘을 먹었을 때는 너무 짠 맛에 차슈마저 맛없게 느껴지더니, 츠케멘을 먹을 때는 맛있는 차슈를 제대로 느낄 수 있었다.

이곳의 식권 발권기는 한국어가 지원되며 추천 메뉴는 1,120엔 하는 무사시 츠케멘(武蔵つけ麺)이다. 무사시 츠케멘은 차슈가 2개 들어 있는데, 내가 주문한 것은 차슈가 하나만 들어간 좀 더 저렴한 츠케멘이었다. 식권을 점원에게 건네면 나미모리(보통), 츄-모리(중), 오오모리(대), 토크모리(특대) 중 면의 양을 어느 걸로 할 건지 물어본다. 이곳의 나미모리는 양이 적으니 츄-모리(중)나 오오모리(대)를 추천한다. 이곳도 어떤 양이든 가격은 같은 셈이다. 일본은 가게마다 '나미모리(보통)'의 양이 다른데, 한 가지 팁을 주자면 이름에 상관 없이 4가지 사이즈가 있는 경우 맨 아래 사이즈는 적은 양이고, 2번째가 보통, 3번째가 많은 양, 4번째는 아주 많은 양이라고 생각하면 된다.

http://menya634.co.jp

06
돈부리

스키야

점원: お待たせいたしました。ご注文どうぞ。

오마타세 이따시마시따. 고츄-몽 도-조.
많이 기다리셨습니다. **주문하시죠.**

니키: 牛丼おしんこセットで。

규-동 오싱코 셋또데.
규동 오싱코 세트 주세요.

점원: おしんこセット。サイズはどちらにいたしましょうか。

오싱코 셋또. 사이즈와 도치라니 이따시마쇼-까?
오싱코 세트. **사이즈는 어떻게 할까요?**

니키: 並みで。

나미데.
보통으로요.

점원: ありがとうございます。
아리가또- 고자이마스.
감사합니다.

니키: あの、つゆだくで。
아노, 쯔유다크데.
저기, 쯔유다크로 해 주세요.

점원: つゆだくで。
쯔유다크데.
쯔유다크로.

니키: はい。
하이.
네.

점원: 牛丼並盛つゆだくのおしんこセットです。失礼いたします。ごゆっくりどうぞ。
규동 나미모리 쯔유다크노 오싱코 셋또데스. 시쯔레-이따시마스. 고육끄리 도-조.
규동 보통 쯔유다크 오싱코 세트입니다. 실례합니다. 천천히 드세요.

알아 둘 일본어 표현

규동 오싱코 세트 주세요.
牛丼おしんこセットで。
규동 오싱코 셋또데.

사이즈는 어떻게 할까요?
サイズはどちらにいたしましょうか。
사이즈와 도치라니 이따시마쇼-까?

보통으로요.
並みで。
나미데.

규동 맛있게 먹는 법

규동은 일본식 소고기 덮밥으로 바닥에 소고기를 조린 국물이 살짝 깔려야 제맛이다. 그러니 주문할 때는 꼭 "쯔유다크데!"라고 외치자. 쯔유다크(つゆだく)는 쯔유(つゆ, 국물) + 다크(たくさん, 많이)의 줄임말이다. '오싱코'는 야채 절임 반찬인데 규동은 오싱코보다 테이블 위에 놓인 빨간색의 베니쇼가(초생강)와 함께 먹는 게 훨씬 더 맛있다.

일본의 대표 규동 체인점으로는 요시노야, 스키야, 마쯔야가 있다. 요시노야와 스키야는 점원에게 주문하는 방식이고, 마쯔야는 한국어가 지원되는 식권 발권기를 이용한다. 다른 규동집은 세트로 주문하거나 따로 추가해야 장국(みそ汁)이 나오지만 마쯔야는 기본적으로 장국이 포함되어 있어서 다른 곳보다 더 저렴하고 맛도 괜찮다. 맛있는 규동을 원하면 '스키야', 싸고 맛있는 규동을 원하면 '마쯔야'를 추천한다.

토리산와

점원: お客様、１名様でよろしいですか。
오캬끄사마, 이치메-사마데 요로시이데스까?
손님, 한 분이신가요?

니키: はい。
하이.
네.

점원: はい、すみません。お待たせいたしました。それではご注文お願いいたします。
하이, 스미마셍. 오마타세 이따시마시따. 소레데와 **고츄-몽 오네가이 이따시마스**.
네, 죄송합니다. 많이 기다리셨습니다. 그럼 **주문 부탁합니다.**

니키: これください。
코레 크다사이.
이거 주세요.

점원: こちらで。はい、ありがとうございます。揚げたてのから揚げのセットございますが、よろしいですか。こちらのから揚げのセットですね。
코치라데. 하이, 아리가또- 고자이마스. 아게타떼노 카라아게노 셋또 고자이마스가, 요로시이데스까? 코치라노 카라아게노 셋또데스네.
이쪽으로. 네, 감사합니다. 방금 튀긴 닭튀김 세트도 있는데, 어떠세요? 이쪽의 닭튀김 세트입니다.

니키: いや、これだけでいいです。
이야, 코레다케데 이이데스.
아니요, 이것만 할게요.

점원: はい、かしこまりました。1,167円ちょうだいいたします。ご飯の大盛り無料ですけれども、よろしいですか。
하이, 카시코마리마시따. 센햐꾸로꾸쥬-나나엔 쵸-다이 이따시마스. 고항노 오오모리 무료-데스케레도모, 요로시이데스까?
네, 알겠습니다. 1,167엔 되겠습니다. 큰 사이즈 밥이 무료인데, 하시겠습니까?

니키: いや、普通で。
이야, 후쯔-데.
아니요, 보통으로.

점원: 普通で大丈夫ですか。はい、すみません。
1,200円お預かりいたします。お返しが33円の
お返しですね。
후쯔-데 다이죠-브데스까? 하이, 스미마셍. 센니햐끄엔 오아즈
까리 이따시마스. 오카에시가 산쥬-상엔노 오카에시데스네.
보통으로 괜찮으신가요? 네, 감사합니다. 1,200엔 받았습니다.
거스름돈 33엔입니다.

점원: お客様、109番でご案内させていただきます。
少々お待ちくださいませ。
오캬꼬사마, **햐끄큐-방데 고안나이사세떼 이따다키마스**. 쇼-
쇼-오마치 크다사이마세.
손님, **109번으로 안내해 드리겠습니다.** 잠시만 기다려 주세요.

알아 둘 일본어 표현

큰 사이즈 밥이 무료인데, 하시겠습니까?
ご飯の大盛り無料ですけれども、よろしいですか。
고항노 오오모리 무료-데스케레도모, 요로시이데스까?

아니요, 보통으로.
いや、普通で。
이야, 후쯔-데.

109번으로 안내해 드리겠습니다.
109番でご案内させていただきます。
햐끄큐방데 고안나이사세떼 이따다키마스.

니키의 꿀Tip — 오야꼬동 맛집은 우메보시도 맛있다

'토리산와(鷄三和)'는 나고야에서 시작한 오야꼬동 전문점으로 도쿄에는 미드타운 등의 쇼핑몰 푸드코트에 입점해 있다. 닭들에게 미안하지만 오야꼬동(親子丼)은 부모(親)에 해당하는 닭고기와 자식(子)에 해당하는 계란이 함께 들어간 덮밥(丼)이라는 의미이다. 한국에서는 오야꼬동을 먹을 때마다 비린내가 나서 실망했는데, 이곳은 전혀 비린내 없이 깔끔하게 맛있다.

카라아게(닭튀김)와 세트로 된 것도 있고, 사진을 보고 마음에 드는 것을 고르면 된다. 개인적으로 우메보시(메실장아찌)를 싫어하는데, 이곳에서 반찬으로 함께 나온 우메보시마저 너무 맛있고 오야꼬동과 잘 어울렸다. 밥의 양은 적당하지만 오오모리(대) 사이즈업이 무료니 많이 먹을 사람은 "오오모리데"라고 말하자.

카네코 한노스케

직원이 가게 앞에 나와 줄 서 있는 손님들에게 미리 주문을 받음

점원: いらっしゃいませ。1名様ですか。
이랏샤이마세. **이치메-사마데스까?**
어서오세요. **한 분이신가요?**

니키: はい。
하이.
네.

점원: おみそ汁120円ですけれども、お付けいたしますか。
오미소시루 햐끄니쥬-엔 데스케레도모, 오츠케 이따시마스까?
장국은 120엔인데, 추가할까요?

니키: はい。
하이.
네.

점원: ご飯の量、どういたしましょうか。
고항노료-, 도- 이따시마쇼-까?
밥의 양은 어떻게 할까요?

니키: 普通で。
후쯔-데.
보통으로요.

점원: 普通で。はい、ありがとうございます。
후쯔-데. 하이, 아리가또- 고자이마스.
보통으로. 네, 감사합니다.

점원: すみません。後1名様ご案内いたします。奥から2番目のお席お願いいたします。
스미마셍. 아또 이치메-사마 고안나이 이따시마스. 오끄카라 니반메노 오세끼 오네가이 이따시마스.
죄송합니다. 다음 한 분 안내하겠습니다. 안쪽에서 2번째 자리에 앉아 주세요.

가게로 들어감

점원: カウンター下、お荷物掛けられるようフックございますのでお使いください。
카운타-시타, 오니모쯔 카케라레루요- 훅크 고자이마스노데 오츠까이 크다사이.
카운터 아래에 짐을 걸 수 있는 고리가 있으니 이용해 주세요.

점원: どうぞお手元の小皿で赤いつぼ、がりごぼう、黒いつぼ、いぶりたくあんとなっております。お召し上がりください。
도-조 오테모토노 코자라데 아카이 츠보, 가리고보-, 크로이 츠보, 이부리 타끄앙또 낫떼 오리마스. 오메시아가리 크다사이.
바로 앞 작은 접시에 빨간 단지는 우엉 절임, 검은 단지는 훈제 단무지입니다. 드시면 됩니다.

점원:  お待たせいたしました。天丼です。
오마타세 이따시마시따. 텐동데스.
많이 기다리셨습니다. 텐동입니다.

알아 둘 일본어 표현

한 분이신가요?
１名様ですか。
이치메-사마데스까?

장국은 120엔인데, 추가할까요?
おみそ汁120円ですけれども、お付けいたしますか。
오미소시루 햐끄니쥬-엔 데스케레도모, 오츠케 이따시마스까?

밥의 양은 어떻게 할까요?
ご飯の量、どういたしましょうか。
고항노료-, 도- 이따시마쇼-까?

보통으로요.
普通で。
후쯔-데.

적은 양으로요.
少なめで。
스크나메데.

다음 한 분 안내하겠습니다.
後1名様ご案内いたします。
아또 이치메-사마 고안나이 이따시마스.

안쪽에서 2번째 자리에 앉아 주세요.
奥から２番目のお席お願いいたします。
오끄카라 니반메노 오세끼 오네가이 이따시마스.

카운터 아래에 짐을 걸 수 있는 고리가 있으니 이용해 주세요.
カウンター下、お荷物掛けられるようフックございますのでお使いください。
카운타-시타, 오니모쯔 카케라레루요- 훅크 고자이마스노데 오츠까이 크다사이.

 **도쿄 최고의 텐동 맛집**

도쿄 니혼바시역과 미츠코시마에역 사이에 도쿄에서 가장 인기 있는 텐동 가게 '카네코 한노스케(金子半之助)'가 있다. 번화가가 아니라서 일부러 이곳까지 찾아가야 하고, 식사 때나 주말에는 최소 한 시간을 기다려야 하지만, 텐동을 보는 순간 그동안의 수고는 순식간에 사라진다. 다행히 비 오는 평일 어정쩡한 시간에 가서 10분 만에 먹을 수 있었다. 신주쿠의 맛집 '후나바시야(船橋屋)'의 텐동을 먹었을 때도 감동이었는데, 이 집 텐동은 입을 떡 벌어지게 만들 정도로 재료와 양을 아끼지 않는다. 이곳의 후쯔-(보통)는 다른 가게의 오오모리(대) 수준이니 특별히 많이 먹는 사람이 아니라면 "스크나메데(적은 양으로)"를 외치도록 하자. 홈페이지에서 일본어와 영어가 지원되고, 위치를 확인할 수 있다.

http://kaneko-hannosuke.com

07
햄버거

프레시니스 버거

니키: フレッシュネスバーガーとコーラ。
후렛슈네스 바-가-또 코-라.
프레시니스 버거랑 콜라요.

점원: 大きさはどうしましょう。
오오키사와 도-시마쇼-?
크기는 어떻게 할까요?

니키: ショートで。
쇼-또데.
숏트 사이즈요.

점원: ショート、はい。以上でよろしいですか。
쇼-또, 하이. **이죠-데 요로시이데스까?**
숏트 사이즈, 네. **이상이신가요?**

니키: 以上です。
이죠-데스.
이상입니다.

점원: はい、615円です。**お持ち帰りですか。**
하이, 롯퍄끄쥬-고엔데스. **오모치카에리데스까?**
네, 615엔입니다. **가지고 가시나요?**

니키: いや、ここで。
이야, 코꼬데.
아니요, 여기서.

점원: こちらで。はい。
코치라데. 하이.
여기서. 네.

점원: 1,015円ですね。400円のお返しです。はい、どうぞ。はい、ではお席でお待ちください。**お持ちします。**
센쥬-고엔데스네. 욘햐끄엔노 오카에시데스. 하이, 도-조. 하이, 데와 **오세끼데 오마치 크다사이. 오모치시마스.**
1,015엔 받았습니다. 400엔 거스름돈입니다. 네, 여기요. 그럼 **자리에서 기다려 주세요. 가져다 드리겠습니다.**

점원: フレッシュネスバーガーとコーラです。
후렛슈네스 바-가-또 코-라데스.
프레시니스 버거랑 콜라입니다.

알아 둘 일본어 표현

크기는 어떻게 할까요?
大きさはどうしましょう。
오오키사와 도-시마쇼-?

가지고 가시나요?
お持ち帰りですか。
오모치카에리데스까?

여기서 먹어요.
ここで食べます。
코꼬데 타베마스.

자리에서 기다려 주세요. 가져다 드리겠습니다.
お席でお待ちください。お持ちします。
오세끼데 오마치 크다사이. 오모치시마스.

 **가장 맛있었던 일본 토종 버거**

일본의 토종 햄버거 프렌차이즈 중에서 개인적으로 가장 맛있게 먹은 곳이 바로 '프레시니스 버거(freshness burger)'다. 대표 메뉴인 '프레시니스 버거'를 추천하지만, '클래식 베이컨 에그 치즈 버거'와 '핫 크리스피 치킨 버거'도 맛있을 것 같다. 점심시간엔 추가 요금을 내고 포테이토 세트, 어니언링 세트, 코울슬로 세트, 샐러드 세트를 주문할 수 있다.

http://www.freshnessburger.co.jp

쿠아 아이나

점원: お待たせいたしました。店内でお召し上がりですか。
오마타세 이따시마시따. 텐나이데 오메시아가리데스까?
많이 기다리셨습니다. **가게에서 드시나요?**

니키: はい。
하이.
네.

점원: 禁煙と喫煙のご希望はございますか。
킹엔또 키츠엔노 고키보-와 고자이마스까?
금연과 흡연, 어느 쪽을 원하시나요?

니키: 禁煙で。
킹엔데.
금연이요.

점원: 禁煙で、はい。ではオーダーをお先にお伺いいたします。
킹엔데, 하이. 데와 오-다-오 오사키니 오우카가이 이따시마스.
금연석으로, 네. 그럼 먼저 주문 받겠습니다.

니키: アボカドバジルバーガーセットお願いします。
아보카도 바지루 바-가- 셋또 오네가이시마스.
아보카도 바질 버거 세트 부탁합니다.

점원: セットで。はい。じゃ、ドリンクお伺いいたします。
셋또데. 하이. 쟈, **도링크 오우카가이 이따시마스.**
세트로. 네. 그럼, **음료 주문 받겠습니다.**

니키: ジンジャーエールで。
진쟈-에-루데.
진저에일이요.

점원: ジンジャーエール、はい。以上でよろしいですか。
진쟈-에-루, 하이. **이죠-데 요로시이데스까?**
진저에일, 네. **이상인가요?**

니키: 氷なしでお願いします。
코오리 나시데 오네가이시마스.
얼음 없이 주세요.

점원: ジンジャーエール氷なしで、はい。お時間15分ほどいただいております。じゃ、お会計が1,217円です。こちら氷抜きのジンジャーエールです。

진쟈-에-루 코오리 나시데, 하이. 오지캉 쥬-고훈 호도 이따다이떼 오리마스. 쟈, 오카이케-가 센니햐꾸쥬-나나엔데스. 코치라 코오리 누끼노 진쟈-에-루데스.

진저에일 얼음 없어요, 네. 시간은 15분 정도 걸립니다. 그럼, 총 1,217엔입니다. 여기 얼음 뺀 진저에일입니다.

니키: はい。
하이.
네.

점원: お会計失礼いたします。1,220円お預かりいたします。3円のお返しでございます。お確かめください。**お2階までお進みください。**ありがとうございます。

오카이케- 시쯔레-이따시마스. 센니햐꾸니쥬-엔 오아즈까리 이따시마스. 상엔노 오카에시데 고자이마스. 오타시카메 크다사이. **오니카이마데 오스스미 크다사이.** 아리가또- 고자이마스.

계산하겠습니다. 1,220엔 받았습니다. 3엔 거스름돈입니다. 확인 부탁합니다. **2층으로 가 주세요.** 감사합니다.

2층 자리에서

점원: 失礼します。アボカドバジルバーガーです。こちらの紙に包んでお召し上がりください。ご注文は以上でよろしいですか。
시쯔레-시마스. 아보카도 바지루 바-가-데스. 코치라노 카미니 츠쯘데 오메시아가리 크다사이. 고츄-몽와 이죠-데 요로시이데스까?
실례합니다. 아보카도 바질 버거입니다. **이 종이로 싸서 드세요. 주문은 이상 없으신가요?**

니키: はい。
하이.
네.

점원: ごゆっくりどうぞ。
고윳끄리 도-조.
천천히 드세요.

알아 둘 일본어 표현

금연과 흡연, 어느 쪽을 원하시나요?
禁煙と喫煙のご希望はございますか。
킹엔또 키츠엔노 고키보-와 고자이마스까?

금연으로요.
禁煙で。
킹엔데.

흡연으로요.
喫煙で。
키츠엔데.

먼저 주문 받겠습니다.
オーダーをお先にお伺いいたします。
오-다-오 오사키니 오우카가이 이따시마스.

아보카도 바질 버거 세트 부탁합니다.
アボカドバジルバーガーセットお願いします。
아보카도 바지루 바-가- 셋또 오네가이시마스.

음료 주문 받겠습니다.
ドリンクお伺いいたします。
도링크 오우카가이 이따시마스.

얼음 없이 주세요.
氷なしでお願いします。
코오리 나시데 오네가이시마스.

2층으로 가 주세요.
お2階までお進みください。
오니카이마데 오스스미 크다사이.

이 종이로 싸서 드세요.
こちらの紙に包んでお召し上がりください。
코치라노 카미니 츠쯘데 오메시아가리 크다사이.

주문은 이상 없으신가요?
ご注文は以上でよろしいですか。
고츄-몽와 이죠-데 요로시이데스까?

 **하와이에서 온 햄버거 맛집**

'쿠아 아이나'는 하와이의 햄버거 맛집으로 일본에도 아오야마, 오다이바 등 주요 도시마다 매장이 있다. 가장 인기 있는 메뉴는 '아보카도 버거 세트'와 '치즈 버거 세트'다. 버거는 150그램(1/3파운드)과 230그램(1/2파운드)이 있는데, 그냥 주문하면 기본적으로 150그램짜리 햄버거를 준다. 세트로 주문 시 이것도 상당히 양이 많기 때문에 많이 못 먹는 사람은 나처럼 110그램(1/4파운드)의 '아보카도 바질 버거 세트'를 주문해도 좋다. 하와이에 갈 예정이 없다면 일본에서라도 '쿠아 아이나'를 먹어 보자.

대부분의 일본 식당에서는 음료수에 얼음을 가득 담아서 주는데, 얼음이 녹았을 때의 싱거운 맛을 좋아하지 않는 사람은 다음과 같이 주문하자. "코오리 나시데(얼음 없이요)", "코오리 누끼데(얼음 빼고요)", "코오리 스크나메데(얼음 조금만요)"

http://www.kua-aina.com

쉐이크쉑(쉑쉑버거)

점원: 大変お待たせいたしました。お伺いいたします。ご来店ありがとうございます。
타이헨 오마타세 이따시마시따. 오우카가이 이따시마스. 고라이텐 아리가또- 고자이마스.
많이 기다리셨습니다. 주문 받겠습니다. 찾아 주셔서 감사합니다.

니키: シャックバーガーシングルとフィフティーフィフティースモール。あの、フィフティーフィフティーって氷入れますか。
샤크바-가- 싱구루또 휘후티-휘후티- 스모-루. 아노, 휘후티-휘후티-떼 코오리 이레마스까?
쉑버거 싱글이랑 피프티피프티 스몰요. 저기, 피프티피프티에 얼음 넣나요?

점원: 氷なしもできます。
코오리 나시모 데끼마스.
얼음 없이도 가능합니다.

니키: 氷抜きで。
코오리 누끼데.
얼음 빼고요.

점원: 氷抜きで。はい。
코오리 누끼데. 하이.
얼음 빼고. 네.

니키: えーと、フライスモール。
에-또, 후라이 스모-루.
그리고, **감자튀김 스몰요.**

점원: フライスモール、はい。以上でよろしいですか。
후라이 스모-루, 하이. **이죠-데 요로시이데스까?**
감자튀김 스몰, 네. **이상인가요?**

니키: 以上です。
이죠-데스.
이상입니다.

점원: 店内ご利用ですか。
텐나이 고리요-데스까?
여기서 드시나요?

니키: はい。
하이.
네.

점원: シャックバーガーのシングルがお一つ、フライのスモールがお一つとスモールサイズのフィフティーフィフティーがお一つですね。
샥크바-가-노 싱그루가 오히토쯔, 후라이노 스모-루가 오히토쯔또 스모-루 사이즈노 휘후티-휘후티-가 오히토쯔데스네.
쉑버거 싱글 하나, 감자튀김 스몰 하나, 스몰 사이즈 피프티피프티 하나네요.

니키: はい。
하이.
네.

점원: お会計1,306円でございます。1,306円ちょうどお預かりいたします。レシートのお渡しでございます。**ブザー振動いたしましたら、奥のカウンターまでお越しください。**ありがとうございます。
오카이케- 센산뱌꾸로꾸엔데 고자이마스. 센산뱌꾸로꾸엔 쵸-도 오아즈까리 이따시마스. 레시-또노 오와타시데 고자이마스. **부자- 신도- 이따시마시따라, 오꾸노 카운타-마데 오코시 크다사이.** 아리가또- 고자이마스.
1,306엔입니다. 1,306엔 정확하게 받았습니다. 영수증 드립니다. **부저가 진동하면, 안쪽 카운터로 와 주세요.** 감사합니다.

부저가 울림

> **점원:** はい、お待たせいたしました。43番ですね。こちらでございます。お間違えないでしょうか。**ストローは右手にございます。**
> 하이, 오마타세 이따시마시따. 욘쥬-산반데스네. 코치라데 고자이마스. 오마치가에나이데쇼-까? **스토로-와 미기테니 고자이마스.**
> 네, 많이 기다리셨습니다. 43번이네요. 이쪽입니다. 맞으신가요? 빨대는 오른쪽에 있습니다.

 알아 둘 일본어 표현

쉑버거 싱글이랑 피프티피프티 스몰요.
シャックバーガーシングルとフィフティーフィフティースモール。
샥크바-가- 싱그루또 휘후티-휘후티- 스모-루.

얼음 빼고요.
氷抜きで。
코오리 누끼데.

부저가 진동하면, 안쪽 카운터로 와 주세요.
ブザー振動いたしましたら、奥のカウンターまでお越しください。
부자- 신도- 이따시마시따라, 오끄노 카운타-마데 오코시 크다사이.

빨대는 오른쪽에 있습니다.
ストローは右手にございます。
스토로-와 미기테니 고자이마스.

 **쉑쉑버거 맛있게 주문하기**

'쉐이크쉑(シェイクシャック, 쉐이크 샤크)' 도쿄 1호점은 가이엔마에, 2호점은 에비스, 3호점은 유라쿠쵸에 있다. 에비스점은 작고 사람이 많은 편이고, 가이엔마에점과 유라쿠쵸점은 별로 기다리지 않고 먹을 수 있다. 추천 햄버거는 쉑버거(샤크바-가-), 스모크쉑(스모-크샤크), 추천 음료는 바닐라 쉐이크, 피프티피프티다. 햄버거는 싱글과 더블이 있는데, 더블은 패티가 1장 더 들어가 맛이 좀 짜다. 양이 적어서 더블을 시키려는 사람은 싱글과 감자튀김을 주문하는 게 나을 듯하다.

http://www.shakeshack.jp

08
돈카츠, 규카츠, 스테이크

돈카츠 하마카츠

점원: １名様、カウンターのお席、空いてる席で結構です。お好きな席へどうぞ。

이치메-사마, 카운타-노 오세끼, 아이떼루 세끼데 켁코-데스. 오스키나 세끼에 도-조.
한 분이시죠, 바 자리나 빈 자리, 원하시는 자리에 앉으세요.

점원: お待たせしました。失礼します。
오마타세시마시따. 시쯔레-시마스.
많이 기다리셨습니다. 실례합니다.

니키: これ、お願いします。
코레, 오네가이시마스.
이거 부탁합니다.

점원: はい、濵かつランチ。ありがとうございます。ご飯は麦ご飯と白いご飯がございます。
하이, 하마카츠 란치. 아리가또- 고자이마스. **고항와 무기고항 또 시로이고항가 고자이마스.**
네, 하마카츠 런치요. 감사합니다. **밥은 보리밥과 흰 쌀밥이 있습니다.**

니키: 白いご飯で。
시로이고항데.
흰 쌀밥이요.

점원: かしこまりました。おみそ汁も赤みそ、白みそございます。
카시코마리마시따. **오미소시루모 아까미소, 시로미소 고자이마스.**
알겠습니다. **장국도 붉은 장국과 흰 장국이 있습니다.**

니키: 白みそで。
시로미소데.
흰 장국이요.

점원: かしこまりました。ご注文以上でよろしいでしょうか。
카시코마리마시따. **고츄-몽 이죠-데 요로시이데쇼-까?**
알겠습니다. **주문 이상이신가요?**

니키: はい、以上です。
하이, 이죠-데스.
네, 이상입니다.

점원: はい、濱かつランチの白いご飯、白みそでご用意いたします。ありがとうございます。
하이, 하마카츠 란치노 시로이고항, 시로미소데 고요-이 이따시마스. 아리가또- 고자이마스.
네, 하마카츠 런치 흰 쌀밥, 흰 장국으로 준비하겠습니다. 감사합니다.

점원: 失礼します。濱かつランチお待たせしました。ありがとうございます。**ソースの作り方ご存知でしたでしょうか。**
시쯔레-시마스. 하마카츠 란치 오마타세 시마시따. 아리가또- 고자이마스. **소-스노 츠크리카따 고존지데시따데쇼-까?**
실례합니다. 하마카츠 런치 많이 기다리셨습니다. 감사합니다. **소스 만드는 법 아시나요?**

니키: はい。
하이.
네.

점원: はい、いつもありがとうございます。ここみそ汁、お漬物、キャベツおかわりできます。
하이, 이쯔모 아리가또- 고자이마스. **코코 미소시루, 오츠케모노, 캬베쯔 오까와리 데끼마스.**
네, 항상 감사합니다. **여기 장국, 야채절임, 양배추는 리필됩니다.**

니키: すみません。みそ汁とキャベツのおかわりお願いします。
스미마셍. 미소시루또 캬베쯔노 오까와리 오네가이시마스.
여기요. **장국이랑 양배추 더 주세요.**

점원: はい、かしこまりました。お先、キャベツから失礼します。これぐらいの量でいかがでしょうか。
하이, 카시코마리마시따. 오사키, 캬베쯔카라 시쯔레-시마스. **코레그라이노 료-데 이까가데쇼-까?**
네, 알겠습니다. 먼저 양배추부터 실례하겠습니다. **이 정도 양으로 괜찮으신가요?**

니키: ちょっとだけでいいです。
촛또다케데 이이데스.
조금만 주시면 돼요.

점원: はい、失礼しました。これぐらいはいかがですか。
하이, 시쯔레-시마시따. **코레그라이와 이까가데스까?**
네, 실례했습니다. **이 정도 양으로 괜찮으신가요?**

니키: はい。
하이.
네.

점원: はい、失礼します。**おみそ汁は赤と白はいかがなさいますか。**
하이, 시쯔레-시마스. **오미소시루와 아까또 시로와 이까가나사이마스까?**
네, 실례합니다. 장국은 붉은 것과 흰 것 어떻게 드릴까요?

니키: さっき白にしたんですけど、赤にしてもいいですか。
삭끼 시로니 시딴데스케도, 아까니 시떼모 이이데스까?
아까 흰 걸로 했는데, 붉은 걸로 해도 되나요?

점원: はい、大丈夫ですよ。
하이, 다이죠-브데스요.
네, 괜찮습니다.

니키: お願いします。
오네가이시마스.
부탁합니다.

점원: 赤みそでご用意いたします。お預かりします。
아까미소데 고요-이 이따시마스. 오아즈까리시마스.
붉은 장국으로 하겠습니다. (그릇) 가져가겠습니다.

점원: お待たせしました。赤みそでございます。
오마타세시마시따. 아까미소데 고자이마스.
많이 기다리셨습니다. 붉은 장국입니다.

니키: ありがとうございます。
아리가또- 고자이마스.
감사합니다.

 알아 둘 일본어 표현

밥은 보리밥과 흰 쌀밥이 있습니다.
ご飯は麦ご飯と白いご飯がございます。
고항와 무기고항또 시로이고항가 고자이마스.

장국도 붉은 장국과, 흰 장국이 있습니다.
おみそ汁も赤みそ、白みそございます。
오미소시루모 아까미소, 시로미소 고자이마스.

소스 만드는 법 아시나요?
ソースの作り方ご存知でしたでしょうか。
소-스노 츠크리카따 고존지데시따데쇼-까?

여기 장국, 야채절임, 양배추는 리필됩니다.
ここみそ汁、お漬物、キャベツおかわりできます。
코코 미소시루, 오츠케모노, 캬베쯔 오까와리 데끼마스.

장국이랑 양배추 더 주세요.
みそ汁とキャベツのおかわりお願いします。
미소시루또 캬베쯔노 오까와리 오네가이시마스.

이 정도 양으로 괜찮으신가요?
これぐらいの量でいかがでしょうか。
코레그라이노 료-데 이까가데쇼-까?

 **런치 메뉴보다는 로스카츠 정식**

'돈카츠 하마카츠(とんかつ濱かつ)'는 후쿠오카를 중심으로 도쿄에도 신주쿠, 아키하바라, 오차노미즈 등에 매장이 있다. 평일 점심 때 많은 직장인들로 항상 붐비는 곳이다. 런치 메뉴가 저렴하긴 하지만 치킨카츠와 반반 나오기 때문에 이것보다는 로스카츠 정식을 추천한다. 영상에서처럼 일본에서 갔던 식당 중 가장 친절했다.

http://www.hamakatsu.jp

규카츠 모토무라

직원이 가게 입구로 나와서 미리 안내함

점원: いらっしゃいませ。お客様は１名様で。今満席ですので、こちらの階段の一段上でお待ちくださいませ。
이랏샤이마세. 오캬꾸사마와 이치메-사마데. **이마 만세끼데스노데,** 코치라노 카이단노 이치단 우에데 **오마치 크다사이마세.**
어서오세요. 손님 한 분. **지금 만석이라서,** 여기 첫 번째 계단 위에서 **기다려 주세요.**

니키: はい。
하이.
네.

점원: お先にご注文よろしいでしょうか。お肉が１枚か、２枚になってますね。
오사키니 고츄-몽 요로시이데쇼-까? 오니끄가 이치마이까, 니마이니 낫떼마스네.
먼저 주문해 주시겠어요? 고기가 한 장이랑 두 장으로 되어 있습니다.

니키: はい、２番。
하이, 니방.
네, 2번이요.

점원: ２番。かしこまりました。すみません。お待ちください。
니방. 카시코마리마시따. 스미마셍. 오마치 크다사이.
2번이요. 알겠습니다. 죄송합니다. 기다려 주세요.

점원: すみません、お待たせいたしました。**空いてるお席、奥の方からお願いいたします。**
스미마셍, 오마타세 이따시마시따. **아이떼루 오세끼, 오꾸노 호-카라 오네가이 이따시마스.**
죄송합니다. 많이 기다리셨습니다. **비어 있는 자리 안쪽에서부터 부탁합니다.**

점원2: お待たせいたしました。とろろ付きの130グラムでございます。
오마타세 이따시마시따. 토로로 츠끼노 햐꾸산쥬-그라무데 고자이마스.
많이 기다리셨습니다. 토로로 포함된 130그램입니다.

점원: もしよろしければ、**下に荷物籠ございますのでご利用ください。**
모시 요로시케레바, **시타니 니모쯔카고 고자이마스노데 고리요-크다사이.**
괜찮으시면 **아래에 짐 바구니가 있으니 이용해 주세요.**

니키: はい、大丈夫です。
하이, 다이죠-브데스.
네, 괜찮습니다.

점원: 食べ方ご存知ですか。
타베카타 고존지데스까?
드시는 법 아시나요?

니키: いや。
이야.
아니요.

점원: お肉焼いていただいて、わさびが苦手ではなければ、わさびをお肉におつけいただいて、お肉は左側のおしょうゆにつけてわさび醤油にしていただくと、右側、山わさびの特製ソース、そのままつけてお召し上がりください。
오니끄 야이떼 이따다이떼, 와사비가 니가테데와 나케레바 와사비오 오니끄니 오츠케 이따다이떼, 오니끄와 히다리가와노 오쇼-유니 츠케떼 와사비죠-유니 시떼 이따다크또, 미기가와, 야마와사비노 토크세-소-스, 소노마마 츠케떼 오메시아가리 크다사이.
고기를 구워서 고추냉이를 싫어하지 않으시면 고추냉이를 고기에 얹고, 고기는 왼쪽의 간장에 찍어서 고추냉이 간장으로 해서 드시는 것과, 오른쪽 서양 고추냉이 특제 소스를 그대로 찍어서 드시는 방법이 있습니다.

점원: 岩塩がお肉用、ソースがキャベツ用でご飯のおかわりは一杯まで無料です。追加のご注文ございましたら、お声お掛けください。はい、ごゆっくりどうぞ。
간엔가 오니꾸요-, 소-스가 캬베쯔요-데 고항노 오까와리와 입파이마데 무료-데스. 츠이카노 고츄-몽 고자이마시따라, 오코에 오카케 크다사이. 하이, 고육끄리 도-조.
돌소금은 고기용이고, 소스는 양배추용, 밥 추가는 한 그릇까지 무료입니다. 추가 주문 있으시면, 불러 주세요. 그럼, 천천히 드세요.

알아 둘 일본어 표현

지금 만석입니다.
今満席です。
이마 만세끼데스.

먼저 주문해 주시겠어요?
お先にご注文よろしいでしょうか。
오사키니 고츄-몽 요로시이데쇼-까?

비어 있는 자리 안쪽에서부터 부탁합니다.
空いてるお席奥の方からお願いいたします。
아이떼루 오세끼 오끄노 호-카라 오네가이 이따시마스.

아래에 짐 바구니가 있으니, 이용해 주세요.
下に荷物籠ございますので、ご利用ください。
시타니 니모쯔카고 고자이마스노데, 고리요- 크다사이.

드시는 법 아시나요?
食べ方ご存知ですか。
타베카타 고존지데스까?

밥 추가는 한 그릇까지 무료입니다.
ご飯のおかわりは一杯まで無料です。
고항노 오까와리와 입파이마데 무료-데스.

 **도쿄 최고의 규카츠 맛집**

'규카츠 모토무라(牛かつ もと村)'는 도쿄의 규카츠 가게 중 가장 인기 있는 곳으로 항상 줄을 서서 먹는다. 근데 개인적으로 돼지고기보다 소고기를 좋아하긴 하지만, 규카츠보다는 돈카츠가 식감과 맛 모두 나은 것 같다. 물론 규카츠를 좋아하는 사람도 많으니 이곳이 인기 있을 것이다. 이곳은 메뉴가 규카츠 하나로 양은 130그램과 260그램 2가지가 있고, '토로로'가 포함된 것과 아닌 것을 선택할 수 있다. 토로로는 마를 갈아서 만든 '죽' 같은 것인데 별 맛은 없었다. 130그램은 양이 좀 적어서 배불리 먹으려면 260그램을 먹는 게 좋다.

빅끄리동키

점원: いらっしゃいませ。何名様ですか。１名様。タバコ吸いますか。
이랏샤이마세. 난메-사마데스까. 이치메-사마. **타바코 스이마스까?**
어서오세요. 몇 분이신가요? 한 분요. **담배 피우시나요?**

니키: 吸いません。
스이마셍.
안 피웁니다.

점원: ご案内いたします。どうぞ。じゃ、カウンター席へどうぞ。
고안나이 이따시마스. 도-조. 쟈, 카운타- 세끼에 도-조.
안내해 드리겠습니다. 이쪽으로. **바 자리에 앉으세요.**

점원: お待たせいたしました。メニューでございます。ごゆっくりどうぞ。
오마타세 이따시마시따. 메뉴-데 고자이마스. 고육끄리 도-조.
많이 기다리셨습니다. 메뉴입니다. 천천히 보세요.

벨을 누름

점원: お待たせいたしました。
오마타세 이따시마시따.
많이 기다리셨습니다.

니키: これください。
코레 크다사이.
이거 주세요.

점원: はい、エッグバーグディッシュ。量150でよろしいですか。
하이, 엣그바-그딧슈. 료- 햐끄고쥬-데 요로시이데스까?
네, 에그 함박스테이크. 양은 150으로 괜찮으신가요?

니키: はい。
하이.
네.

점원: はい、以上でよろしいでしょうか。
하이, 이죠-데 요로시이데쇼-까?
네, 이상이신가요?

니키: はい。
하이.
네.

점원: じゃ、メニューお下げします。ごゆっくりどうぞ。
쟈, 메뉴- 오사게시마스. 고육끄리 도-조.
그럼, 메뉴 치우겠습니다. 편하게 계세요.

니키: すみません。あの、**チーズバーグディッシュに変えてもいいですか**。
스미마셍. 아노, **치-즈바-그딧슈니 카에떼모 이이데스까?**
여기요. 저기, **치즈 함박스테이크로 바꿔도 되나요?**

점원: かしこまりました。お待ちください。
카시코마리마시따. 오마치 크다사이.
알겠습니다. 기다려 주세요.

점원: お待たせいたしました。チーズバーグディッシュ150グラムでございます。
오마타세 이따시마시따. 치-즈바-그딧슈 햐꼬고쥬- 그라므데 고자이마스.
많이 기다리셨습니다. 치즈 함박스테이크 150g입니다.

알아 둘 일본어 표현

담배 피우시나요?
タバコ吸いますか。
타바코 스이마스까?

(담배) 안 피웁니다.
吸わないです。
스와나이데스.

바 자리에 앉으세요.
カウンター席へどうぞ。
카운타- 세끼에 도-조.

양은 150으로 괜찮으신가요?
量150でよろしいですか。
료- 햐끄고쥬-데 요로시이데스까?

치즈 함박스테이크로 바꿔도 되나요?
チーズバーグディッシュに変えてもいいですか。
치-즈바-그딧슈니 카에떼모 이이데스까?

일본 대표 함박 스테이크 맛집

일본에서 '함박스테이크' 하면 가장 먼저 떠오르는 곳이 '빅끄리동키(びっくリドンキ-)'다. 신주쿠, 이케부쿠로, 기치조지 등을 비롯해 전국에 매장이 있다. 이곳 함박스테이크는 빅끄리동키 특유의 맛이 있어서 소스를 뿌려서 먹든, 소스 없이 그냥 먹든, 어떻게 먹어도 맛있다. 가장 인기 있는 메뉴는 치즈 함박스테이크(チーズバーグディッシュ, 치즈바그딧슈)다. 월요일부터 토요일까지 제공되는 런치 메뉴를 이용하면 더 알뜰하게 먹을 수 있다. 참고로 햄버거는 '함바-가-(ハンバーガー)'고, 함박스테이크는 '함바-그(ハンバーグ)'다.

https://www.bikkuri-donkey.com

골드러쉬

점원: お客様は？
오캬꾸사마와?
손님은?

니키: 一人です。
히또리데스.
혼자요.

점원: １名様。はい。ちょっとお待ちくださいね。
１名様どうぞ。ご案内します。
이치메-사마. 하이. 좃또 오마치 쿠다사이네. **이치메-사마 도-조. 고안나이시마스.**
한 분. 네. 잠시만 기다려 주세요. **한 분 들어오세요. 안내하겠습니다.**

점원: ご注文お決まりですか。
고츄-몽 오키마리데스까?
주문 정하셨나요?

니키: １ポンドハンバーグお願いします。
이치폰도 함바-그 오네가이시마스.
1파운드 함박스테이크 부탁합니다.

점원: はい。ライスとパン、どうしますか？
하이. 라이스또 팡, 도-시마스?
네. 밥과 빵, 뭘로 하시나요?

니키: ライスで。
라이스데.
밥이요.

점원: ライスで。はい。ドリンク一杯のサービス、奥にあるドリンクコーナーからお取りください。お水とおしぼり全部セルフサービスでお願いします。
라이스데. 하이. 도링크 입파이노 사-비스, 오꾸니 아루 도링크 코-나-카라 오토리 크다사이. 오미즈또 오시보리 젠부 세루후 사-비스데 오네가이시마스.
밥이요. 네. 음료 한 잔 서비스는 안쪽에 있는 드링크 코너에서 가져 가세요. 물과 물수건 모두 셀프 서비스 부탁합니다.

니키: はい。
하이.
네.

점원: お待たせしました。紙ナプキンを全部広げていただいて、半分だけテーブルの上にお願いします。油はねますので貴重品おしまいください。
오마타세 시마시따. 카미나프킨오 젠부 히로게떼 이따다이떼, 한분다케 테-브루노 우에니 오네가이시마스. 아부라 하네마스노데 키쵸-힌 오시마이 크다사이.
많이 기다리셨습니다. 냅킨을 전부 펼쳐서 절반만 테이블 위로 올려 주세요. 기름이 튀니 귀중품은 치워 주세요.

점원: こちらゴールドラッシュ1ポンドになります。ソースをおかけします。紙ナプキンの半分、持ち上げてお待ちください。ご注文以上でよろしいでしょうか。
코치라 고-루도랏슈 이치폰도니 나리마스. 소-스오 오카케시마스. 카미나프킨노 한분, 모치아게떼 오마치 크다사이. 고츄-몽이죠-데 요로시이데쇼-까?
여기 골드러쉬 1파운드입니다. 소스 얹겠습니다. 냅킨 절반을 들어올리고 기다려 주세요. 주문은 이상 없으신가요?

니키: はい。
하이.
네.

점원: ありがとうございます。
아리가또- 고자이마스.
감사합니다.

알아 둘 일본어 표현

주문 정하셨나요?
ご注文お決まりですか。
고츄-몽 오키마리데스까?

1파운드 함박스테이크 부탁합니다.
１ポンドハンバーグお願いします。
이치폰도 함바-그 오네가이시마스.

밥과 빵, 뭘로 하시나요?
ライスとパン、どうします？
라이스또 팡, 도-시마스?

음료 한 잔 서비스는 안쪽에 있는 드링크 코너에서 가져 가세요.
ドリンク一杯のサービス、奥にあるドリンクコーナーからお取りください。
도링크 입파이노 사-비스, 오끄니 아루 도링크 코-나-카라 오토리 크다사이.

물과 물수건 모두 셀프 서비스 부탁합니다.
お水とおしぼり全部セルフサービスでお願いします。
오미즈또 오시보리 젠부 세루후 사-비스데 오네가이시마스.

냅킨을 전부 펼쳐서 절반만 테이블 위로 올려 주세요.
紙ナプキンを全部広げていただいて、半分だけテーブルの上にお願いします。
카미나프킨오 젠부 히로게떼 이따다이떼, 한분다케 테-브루노 우에니 오네가이시마스.

기름이 튀니 귀중품은 치워 주세요.
油はねますので貴重品おしまいください。
아부라 하네마스노데 키쵸-힌 오시마이 크다사이.

냅킨 절반을 들어올리고 기다려 주세요.
紙ナプキンの半分、持ち上げてお待ちください。
카미나프킨노 한분, 모치아게떼 오마치 크다사이.

 **데미글라스 소스 함박스테이크를 실컷 먹을 수 있는 날**

빅끄리동키와 함께 또 유명한 함박스테이크로 '골드러쉬(ゴールドラッシュ, 고-루도랏슈)'가 있다. 시부야, 신주쿠 등 도쿄 번화가에 매장이 있으며 데미글라스 소스를 얹어서 먹는 게 특징이다. 이곳은 매주 화요일과 금요일 온종일 '서비스 데이'라고 해서 1파운드(450그램)짜리 함박스테이크를 평소의 2/3 가격에 제공한다. 화요일은 '하프&하프'라고 절반은 치즈가 덮힌 함박스테이크 1파운드고, 금요일은 기본 함박스테이크 1파운드다. 참고로 '파운드'는 일본어로는 '폰도'라고 발음한다. 함박스테이크를 실컷 먹고 싶은 사람은 '서비스 데이'를 이용하자.

http://www.gold-rush.jp

이끼나리 스테이크

점원: はい、1名様で。空いてるお席でお待ちください。

하이, 이치메-사마데. **아이떼루 오세끼데 오마치 크다사이.**
네, 한 분. **빈자리에서 기다려 주세요.**

점원: いきなりステーキのご来店ございますか。

이끼나리 스테-끼노 고라이텐 고자이마스까?
이끼나리 스테이크에 **오신 적 있으신가요?**

니키: いや、初めてです。

이야, 하지메떼데스.
아니요, **처음입니다.**

점원: はい、かしこまりました。後ですね、こちらに番号札ございます。**番号札お持ちになってあちらに見えるカット場でお肉のご注文をお願いいたします。**

하이, 카시코마리마시따. 아또데스네, 코치라니 방고-후다 고자이마스. **방고-후다 오모치니 낫떼 아치라니 미에루 캇토바데 오니끄노 고츄-몽오 오네가이 이따시마스.**
네, 알겠습니다. 이쪽에 번호표 있습니다. **번호표를 가지고 저쪽에 보이는 컷트 장소에서 고기 주문을 부탁합니다.**

점원: こちらがですね、お肉のみの値段になりますんで。サイドメニューのほうにライスやサラダ、スープ、ソフトドリンク、アルコールがございます。
코치라가데스네, 오니꾸노미노 네당니 나리마슨데. 사이도메뉴-노 호-니 라이스야 사라다, 스-뿌, 소후토도링크, 아루코-루가 고자이마스.
이쪽은 고기 가격입니다. 사이드 메뉴 쪽에 밥과 샐러드, 스프, 음료수, 술이 있습니다.

점원: まず、はじめにサイドメニューからご注文うかがいにまいりますんで、サイドメニュー決まりましたら従業員までお声のほうおかけください。
마즈, 하지메니 사이도메뉴-카라 고츄-몽 우카가이니 마이리마슨데, 사이도메뉴- 키마리마시따라 쥬-교-잉마데 오코에노호-오카케 크다사이.
먼저 사이드 메뉴부터 주문 받으니 사이드 메뉴를 정하시면 점원을 불러 주세요.

점원이 근처에 옴

니키: ライス＆スモールサラダセットで。
라이스 안도 스모-루 사라다 셋또데.
라이스＆스몰 샐러드 세트요.

점원: はい、ライスが大盛り、普通、半ライスございますが、いかがなされますか。
하이, 라이스가 오오모리, 후쯔-, 한라이스 고자이마스가, 이까가 나사레마스까?
네, 밥은 많은 양, 보통, 절반이 있는데 어떻게 드릴까요?

니키: 普通で。
후쯔-데.
보통이요.

점원: 普通で。はい。サラダはレタスのサラダか大根のサラダが2種類ありますが。
후쯔-데. 하이. 사라다와 레타스노 사라다까 다이콘노 사라다가 니슈루이 아리마스가.
보통으로. 네. 샐러드는 양상추 샐러드와 무 샐러드 두 종류가 있는데요.

니키: レタスの。
레타스노.
양상추요.

점원: レタス、はい。以上でよろしいですか。
레타스, 하이. 이죠-데 요로시이데스까?
양상추, 네. 이상이신가요?

니키: はい、以上です。
하이, 이죠-데스.
네, 이상입니다.

점원: メニューは下の棚の方にお入れください。
메뉴-와 시타노 타나노 호-니 오이레 크다사이.
메뉴판은 아래 선반에 넣어 주세요.

니키: はい。
　　　하이.
　　　네.

고기 주문하는 곳으로 감

니키: トップリブステーキ200グラム。
　　　톱뿌리브 스테-끼 니햐끄 그라무.
　　　탑리브 스테이크 200그램이요.

점원: 多少グラムが前後しますけど。
　　　타쇼- 그라무가 젠고시마스케도.
　　　무게가 조금 차이날 수 있는데요.

니키: はい、大丈夫です。
　　　하이, 다이죠-브데스.
　　　네, 괜찮습니다.

점원: 焼き加減はレアのおすすめになりますが。
　　　야끼카겐와 레아노 오스스메니 나리마스가.
　　　구운 정도는 레어를 추천하는데요.

니키: ミディアムレアで。
　　　미디아무 레아데.
　　　미디엄 레어로 해 주세요.

자리로 돌아와서 밥과 스테이크가 나옴

점원: はい、おまちどうです。はい、こちらステーキソース、よく振ってからおかけください。こちら辛口で、こちらが甘口ですね。お好きな方でお召し上がりください。

하이, 오마치도-데스. 하이, **코치라 스테-끼 소-스, 요꼬 훗떼카라 오카케 크다사이. 코치라 카라쿠치데, 코치라가 아마쿠치데스네. 오스키나 호-데 오메시아가리 크다사이.**

네, 많이 기다리셨습니다. 네, **여기 스테이크 소스를 잘 흔들어서 뿌려 주세요. 이건 쌉쌀한 맛이고, 이건 달콤한 맛입니다.** 마음에 드는 걸로 드시면 됩니다.

알아 둘 일본어 표현

빈자리에서 기다려 주세요.
空いてるお席でお待ちください。
아이떼루 오세끼데 오마치 크다사이.

오신 적 있으신가요?
ご来店ございますか。
고라이텐 고자이마스까?

아니요, 처음입니다.
いや、初めてです。
이야, 하지메떼데스.

사이드 메뉴를 정하시면 점원을 불러 주세요.
サイドメニュー決まりましたら、従業員までお声のほうおかけください。
사이도메뉴- 키마리마시따라 쥬-교-잉마데 오코에노 호- 오카께 크다사이.

밥은 많은 양, 보통, 절반이 있는데 어떻게 드릴까요?
ライスが大盛り、普通、半ライスございますが、いかがなされますか。
라이스가 오오모리, 후쯔-, 한라이스 고자이마스가 이까가 나사레마스까?

샐러드는 양상추 샐러드와 무 샐러드 두 종류가 있는데요.
サラダはレタスのサラダか大根のサラダが2種類ありますが。
사라다와 레타스노 사라다까 다이콘노 사라다가 니슈루이 아리마스가.

메뉴판은 아래 선반에 넣어 주세요.
メニューは下の棚の方にお入れください。
메뉴-와 시타노 타나노 호-니 오이레 크다사이.

구운 정도는 레어를 추천하는데요.
焼き加減はレアのおすすめになりますが。
야끼카겐와 레아노 오스스메니 나리마스가.

미디엄 레어로 해 주세요.
ミディアムレアで。
미디아무 레아데.

여기 스테이크 소스를 잘 흔들어서 뿌려 주세요.
こちらステーキソース、よく振ってからおかけください。
코치라 스테-끼 소-스, 요꼬 훗떼카라 오카케 크다사이.

서서 먹는 스테이크 전문점

'이끼나리 스테이크(いきなり!ステ-キ, 이끼나리 스테-끼)'는 서서 먹는 스테이크 체인점으로 자리 요금을 내면 앉아서 먹을 수도 있다. 서서 먹으면 손님 회전율이 빠르니까 그만큼 저렴한 가격에 스테이크를 제공한다는 컨셉의 가게다. 스테이크는 평범했는데, 허접해 보이던 샐러드는 의외로 드레싱 덕분에 굉장히 맛있게 먹었다. 스테이크 소스와 샐러드 드레싱은 카운터에서 따로 판매도 한다.

http://ikinaristeak.com/home

09
기타 일식 맛집

츠키지 긴다코

점원: いらっしゃいませ。
이랏샤이마세.
어서오세요.

니키: たこ焼き6個入り、持ち帰りで。
타코야끼 록코이리, 모치카에리데.
타코야끼 6개들이, 포장이요.

점원: はい、470円でございます。
하이, 용햐끄나나쥬-엔데 고자이마스.
네, 470엔입니다.

점원: 1,000円と70円お預かりいたします。600円のお返しでございます。ソース、マヨネーズは今おかけして大丈夫ですか。
센엔또 나나쥬-엔 오아즈까리 이따시마스. 롯퍄끄엔노 오카에시데 고자이마스. **소-스, 마요네-즈와 이마 오카케시떼 다이죠-브데스까?**
천 엔과 70엔 받았습니다. 600엔 거스름돈입니다. **소스와 마요네즈는 지금 뿌려도 괜찮은가요?**

니키: はい、ちょっとだけお願いします。
하이, 좃또다케 오네가이시마스.
네, 조금만 뿌려 주세요.

점원: お箸お一つでよろしいですか。
오하시 오히토쯔데 요로시이데스까?
젓가락은 하나 드리면 될까요?

니키: はい。
하이.
네.

점원: たこ焼きの6個入りです。大変お待たせいたしました。ありがとうございます。
타코야끼노 록코이리데스. 타이헨 오마타세 이따시마시따. 아리가또- 고자이마스.
타코야끼 6개들이입니다. 많이 기다리셨습니다. 감사합니다.

알아 둘 일본어 표현

타코야끼 6개들이, 포장이요.
たこ焼き6個入り、持ち帰りで。
타코야끼 록코이리, 모치카에리데.

소스와 마요네즈는 지금 뿌려도 괜찮은가요?
ソース、マヨネーズは今おかけして大丈夫ですか。
소-스, 마요네-즈와 이마 오카케시떼 다이죠-브데스까?

조금만 뿌려 주세요.
少なめでお願いします。
스크나메데 오네가이시마스.

나중에 뿌릴게요.
後でかけます。
아또데 카케마스.

 **타코야끼는 소스를 조금만**

'츠키지 긴다코(築地銀だこ)'는 타코야끼 전문 체인점으로 테이크아웃도 되고 가게에서 맥주와 함께 먹을 수도 있다. 기본 메뉴는 8개가 들어 있어서 따로 말하지 않으면 보통 8개들이를 준다. 6개들이를 주문할 때는 "록코이리데"라고 말하면 된다. 가게에서 소스와 마요네즈를 많이 뿌려서 매번 좀 짜게 느껴졌다. 포장일 경우 소스와 마요네즈 뿌리는 질문에 "아또데 카케마스"라고 말하면 직접 뿌릴 수 있도록 1회용 소스를 따로 넣어 주고, "스크나메데 오네가이시마스"라고 말하면 조금만 뿌려 준다. 체인점인 '츠키지 긴다코'보다는 개인이 운영하는 동네 타코야끼 가게가 좀 더 저렴하다.

http://www.gindaco.com

키치조지 사토우

니키: メンチカツ二つとコロッケ一つください。
멘치카츠 후타쯔또 코롯케 히토쯔 크다사이.
멘치카츠 둘이랑 고로케 하나 주세요.

점원: 590円です。
고햐끄큐-쥬-엔데스.
590엔입니다.

점원: 1,000円お預かりします。410円のお返しです。
셍엔 오아즈까리시마스. 용햐끄쥬-엔노 오카에시데스.
천 엔 받았습니다. 410엔 거스름돈입니다.

점원: メンチカツ２個、コロッケ１個です。ありがとうございます。
멘치카츠 니꼬, 코롯케 익꼬데스. 아리가또- 고자이마스.
멘치카츠 2개, 고로케 1개입니다. 감사합니다.

알아 둘 일본어 표현

멘치카츠 둘이랑 고로케 하나 주세요.
メンチカツ二つとコロッケ一つください。
멘치카츠 후타쯔또 코롯케 히토쯔 크다사이.

하나	둘	셋
一つ	二つ	三つ
히토쯔	후타쯔	밋쯔
1개	2개	3개
一個	二個	三個
익꼬	니꼬	상꼬

고로케보다 멘치카츠

기치조지역 앞 시장 안에 줄서서 먹는 멘치카츠 맛집 '사토우'가 있다. 멘치카츠, 고로케 등을 판매하는데 역시 유명한 멘치카츠가 더 맛있다. 겉모습은 비슷한데 멘치카츠는 다진 소고기와 양파가 들어 있고, 고로케는 감자가 들어 있다. 기름기가 많아서 2개 정도 먹으니 좀 느끼하게 느껴졌다. 테이크아웃 가게라 근처에 서서 먹는 사람이 많다.
http://www.shop-satou.com/shop

우메가오카 스시

점원: 何名様ですか。
난메-사마데스까?
몇 분이신가요?

니키: 一人です。
히또리데스.
혼자요.

점원: テーブル、カウンター、どっちがいいですか。
테-브루, 카운타-, 돗치가 이이데스까?
테이블이랑 바 자리 어디가 좋으신가요?

니키: テーブルで。
테-브루데.
테이블이요.

니키: すみません。
스미마셍.
여기요.

점원: お決まりですか。
오키마리데스까?
정하셨나요?

니키: はい、これランチお願いします。
하이, 코레 란치 오네가이시마스.
네, 이거 **런치 주세요.**

점원: 彩華ランチを。はい。
사이카 란치오. 하이.
사이카 런치요. 네.

니키: あの、ご飯の量選べますか。
아노, 고항노 료- 에라베마스까?
저기, **밥 양을 선택할 수 있나요?**

점원: はい、大丈夫です。
하이, 다이죠-브데스.
네, 하실 수 있어요.

니키: 少なめで。
스쿠나메데.
적은 양으로 주세요.

점원: 少なめで。はい。お飲み物はお茶もしますか。
스쿠나메데. 하이. 오노미모노와 오챠모 시마스까?
적은 양으로. 네. 마실 것은 녹차 드릴까요?

니키: お茶で。
오챠데.
오차요.

점원: 暖かいお茶と冷たいお茶ありますけど。
아따따까이 오챠또 츠메따이 오챠 아리마스케도.
따뜻한 차와 차가운 차가 있는데요.

니키: 冷たいので。
츠메따이노데.
차가운 걸로요.

점원: 冷たいので。はい、ありがとうございます。
츠메따이노데. 하이, 아리가또- 고자이마스.
차가운 걸로. 네, 감사합니다.

알아 둘 일본어 표현

테이블이랑 바 자리 어디가 좋으신가요?
テーブル、カウンター、どっちがいいですか。
테-브루, 카운타-, 돗치가 이이데스까?

테이블이요.
テーブルで。
테-브루데.

정하셨나요?
お決まりですか。
오키마리데스까?

밥 양을 선택할 수 있나요?
ご飯の量選べますか。
고항노 료- 에라베마스까?

밥은 적은 양으로 주세요.
ご飯は少なめでお願いします。
고항와 스쿠나메데 오네가이시마스.

따뜻한 차와 차가운 차가 있는데요.
暖かいお茶と冷たいお茶ありますけど。
아따따까이 오챠또 츠메따이 오챠 아리마스케도.

도쿄의 스시 맛집

'우메가오카 스시노 미도리 총본점'은 도쿄에서 가장 유명한 스시 가게 중 하나로 본점은 오다큐센 우메가오카역에 있고, 시부야, 긴자 등 도쿄 번화가에도 매장이 있다. 평일 점심에는 세트 메뉴를 주문할 수 있으며, 종류별로 원하는 스시를 따로 주문해도 된다. 지점마다 세트 메뉴의 이름과 종류는 조금씩 다른데, 아무래도 본점인 우메가오카가 가장 맛있었다. 이곳은 스시의 크기가 상당히 크기 때문에 세트를 주문할 경우 여자 손님은 대부분 밥 양을 적게 달라고 요청한다. "고향와 스쿠나메데 오네가이시마스"라고 하면 된다. 식사 시간에는 항상 손님이 많아서 대기 손님이 있는 경우 가게 앞의 번호표 발권기에서 손님 수, 원하는 자리 등을 선택하고 번호표를 뽑아야 한다.

http://sushinomidori.co.jp

우메가오카 스시노 미도리 총본점 번호표 뽑기

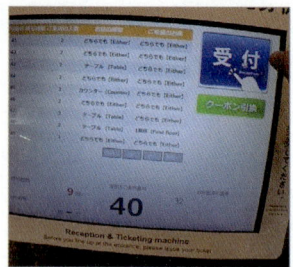

❶ 화면 우측 상단의 파란색 '접수(受付)' 버튼을 누른다.

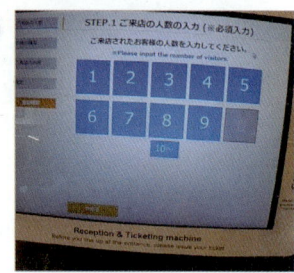

❷ 일행 수를 누른다.

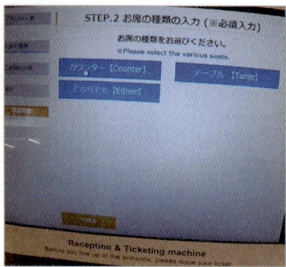

❸ 바 자리(Counter), 테이블(Table), 아무데나(Either) 중에서 선택해서 누른다.

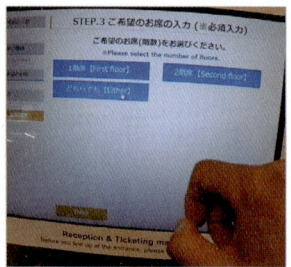

❹ 1층(First Floor), 2층(Second Floor), 아무데나(Either) 중에서 선택해서 누른다.

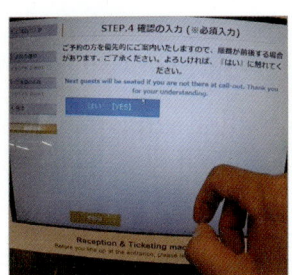 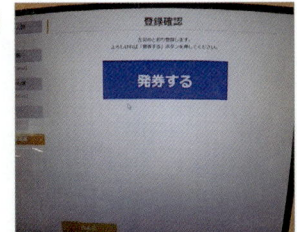

"불렀을 때 없으면 다음 손님으로 넘어 갑니다."
→ 'YES'를 누른다.

파란색 '발권(發券する)' 버튼을 누른다.

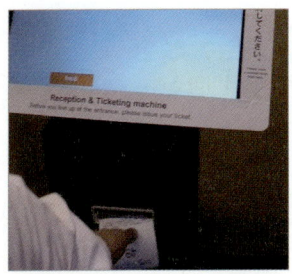

화면 아래에서 대기 번호표를 받는다.

히로키

점원: 失礼します。ご注文お決まりでしたらお伺いします。
시쯔레-시마스. 고츄-몽 오키마리데시따라 오우카가이시마스.
실례합니다. 메뉴 정하셨으면 주문 받겠습니다.

2가지 종류의 오코노미야끼를 가리키며

니키: はい。あの、お好み焼き1つずつ。
하이. 아노, **오코노미야끼 히토쯔즈쯔**.
네. 저기, **오코노미야끼 각 하나씩이요**.

점원: はい、麺はそばとうどんございますが。
하이, 멘와 소바또 우동 고자이마스가.
네, 면은 소바와 우동이 있는데요.

니키: そばで。
소바데.
소바로 주세요.

점원: どちらもそばでよろしいですか。
도치라모 소바데 요로시이데스까?
둘 다 소바로 괜찮으신가요?

니키: はい。飲み物も今？
하이. 노미모노모 이마?
네. 마실 것도 지금 말하나요?

점원: はい、そうです。
하이, 소-데스.
네, 그렇습니다.

니키: ジンジャーハイボール2つ。
진쟈-하이보-루 후타쯔.
진저 하이볼 2개요.

점원: 2つで、以上でよろしいですか。
후타쯔데, 이죠-데 요로시이데스까?
2개요, 이상이신가요?

니키: 以上です。
이죠-데스.
이상입니다.

점원: 2名様大変お待たせいたしました。こちらとこちら。お荷物こちらおいていただいてよろしいですか。
니메-사마 타이헨 오마타세 이따시마시따. 코치라또 코치라. 오니모쯔 코치라 오이떼 이따다이떼 요로시이데스까?
두 분 아주 많이 기다리셨습니다. 여기랑 여기. 가방은 이곳에 놓아도 괜찮으신가요?

니키: はい。
하이.
네.

점원: お好み焼き、しそとねぎ、どちらがどちらってあります？
오코노미야끼, 시소또 네기, 도치라가 도치랏떼 아리마스까?
오코노미야끼, 차조기랑 파, 어느 분이 어느 거 드시나요?

니키: 半分して食べます。
한분시떼 타베마스.
반반씩 먹을게요.

알아 둘 일본어 표현

오코노미야끼 각 하나씩이요.
お好み焼き1つずつ。
오코노미야끼 히토쯔즈쯔.

면은 소바와 우동이 있는데요.
麺はそばとうどんございますが。
멘와 소바또 우동 고자이마스가.

둘 다 소바로 괜찮으신가요?
どちらもそばでよろしいですか。
도치라모 소바데 요로시이데스까?

소바로 주세요.
そばで。
소바데.

진저 하이볼 2개요.
ジンジャーハイボール2つ。
진쟈하이보-루 후타쯔.

 **고독한 미식가의 오코노미야끼**

드라마 '고독한 미식가'에 소개된 히로시마식 오코노미야끼 전문점 '히로키(HIROKI)'는 시모키타자와에 있다. 항상 손님이 많지만 특히 저녁에는 술과 함께 먹는 손님이 많아서 낮에 가면 좀 덜 기다리고 먹을 수 있다. 한국어 메뉴판도 있으니 "칸코끄고노 메뉴 아리마스까?"라고 물어보면 한국어 메뉴를 준다. 일행과 한국어로 얘기하고 있으면 먼저 한국어 메뉴를 줄지도 모른다.

오코노미야끼는 해물과 파 2가지 종류가 있는데, 이 중 해물 오코노미야끼를 추천한다. 소바 면과 우동 면 중에서 선택하는데, 보통 소바 면이 일반적이다. 그외에 해물 철판구이도 인기 있다. 해물 철판구이는 가리비, 문어, 오징어/새우 3종류가 있고, 요리 방법은 파와 유자 폰즈, 버터구이, 마늘구이 중에서 선택할 수 있다. 술은 맥주, 하이볼, 매실주 소다와리(매실주에 소다를 섞은 술)를 추천한다.

http://www.teppan-hiroki.com

하라주쿠 교자로우

직원이 모두 외국인이라 일본어가 완벽하지 않음

니키: すみません。**韓国語のメニューありますか。**
스미마셍. 칸코꾸고노 메뉴- 아리마스까?
여기요. **한국어 메뉴 있나요?**

점원: 韓国メニュー？
칸코꾸 메뉴-?
한국 메뉴요?

한국어 메뉴판을 받음

니키: **焼き餃子と生ビールください。**
야끼교-자또 나마비-루 크다사이.
야끼교자랑 생맥주 주세요.

점원: にらにんにくありで大丈夫ですか。
니라 닌니끄 아리데 다이죠-브데스까?
부추, 마늘 들어간 거 괜찮나요?

니키: どっちが人気あるんですか。
돗치가 닝끼 아른데스까?
어느 게 인기 있나요?

점원: ありが人気ある。
아리가 닝끼 아루.
들어간 게 인기 있어요.

니키: はい？
하이?
네?

점원: ありの方が。
아리노 호-가.
들어 있는 거요.

니키: あ、そう。それで。
아, 소-. 소레데.
아, 그래요. 그걸로 주세요.

교자만 나오고 맥주가 안 나옴

니키: すみません。ビールは？
스미마셍. 비-루와?
여기요. 맥주는요?

점원: ごめんなさい。

고멘나사이.
죄송합니다.

🍎 알아 둘 일본어 표현

한국어 메뉴 있나요?
韓国語のメニューありますか。
칸코끄고노 메뉴- 아리마스까?

야끼교자랑 생맥주 주세요.
焼き餃子と生ビールください。
야끼교-자또 나마비-루 크다사이.

어느 게 인기 있나요?
どっちが人気あるんですか。
돗치가 닝끼 아른데스까?

부추, 마늘 들어간 걸로요.
にらにんにく入りで。
니라닌니끄이리데.

하라주쿠 교자 맛집

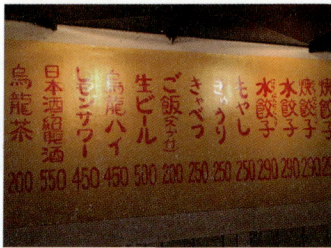 

메이지 진구마에역 근처에 교자 맛집 '하라주쿠 교자로우(原宿餃子樓)'가 있다. 참고로 메이지 진구마에역과 하라주쿠역은 연결되어 있다. 일본에서 교자는 보통 중국집에서 파는데, 이곳은 일본인도 중국인도 아닌 다른 나라 출신의 외국인 직원이 대부분이어서 특이했다.

'야끼교자(군만두)'와 '스이교자(물만두)'가 있는데, 기본 교자와 부추와 마늘이 들어간 '니라닌니끄이리' 중에서 선택할 수 있다. '니라'가 부추고, '닌니끄'는 마늘이다. 먹어 보니 부추와 마늘이 들어간 게 식감과 맛 모두 훨씬 좋았다. 교자 1인분은 양이 적으니 니라닌니끄이리 야끼교자 2인분과 생맥주 한 잔을 강력하게 추천한다. 이곳 역시 한국어 메뉴가 있으니 요청하면 준다. 이곳에 오기 힘든 사람은 동네마다 있는 '교자노 오-쇼-(餃子の王将)'에서 야끼교자를 사 먹어도 맛있다.

참고로 아카사카역 근처에 잇텐바리(一点張)라는 가게가 있는데 '볶음밥(챠-항)'과 '교자'가 아주 맛있다. 이 집 볶음밥은 조금 짠 편이라 주문할 때 "시오와 스크나메데 오네가이시마스"라고 미리 말하자.

그리고 하라주쿠 교자로우에서 1분 거리에 홋카이도 라멘 맛집 '라-멘 산토카(らーめん山頭火)'가 있다. 이 집의 미소라멘은 많이 짜니까 시오라멘이나 쇼유라멘을 먹자.

10
기타 양식 맛집

킷사유

니키: オムライスランチセットで。
오므라이스 란치 셋또데.
오므라이스 런치 세트요.

점원: お飲み物はいかがなさいますか。
오노미모노와 이까가 나사이마스까?
음료는 어떻게 하시겠어요?

니키: ジンジャーエールでお願いします。
진쟈-에-루데 오네가이시마스.
진저에일로 주세요.

점원: ジンジャーエールで、はい。いつごろお持ちいたしますか。
진쟈-에-루데, 하이. **이쯔고로 오모치 이따시마스까?**
진저에일요, 네. **언제 가져오면 될까요?**

니키: 一緒に。
잇쇼니.
같이요.

점원: 一緒で。はい。
잇쇼데. 하이.
같이. 네.

점원: お待ちください。
오마치 크다사이.
기다려 주세요.

🍎 알아 둘 일본어 표현

오므라이스 큰 사이즈로 주세요.
オムライス大盛でお願いします。
오므라이스 오오모리데 오네가이시마스.

언제 가져오면 될까요?
いつごろお持ちいたしますか。
이쯔고로 오모치 이따시마스까?

먼저 주세요.
先にお願いします。
사키니 오네가이시마스.

 **긴자의 오므라이스 맛집**

'킷사뗑(喫茶店)'이라고 하는 일본의 찻집에서는 식사도 함께 판매한다. 히가시긴자역 근처에 있는 '킷사유(喫茶YOU)'는 킷사뗑이지만 오므라이스 맛집으로 더 유명하다. 오므라이스는 아주 심플하게 생겼는데 맛을 보면 고소한 버터향이 입안에 감돌면서 사르르 녹는 느낌이 든다. 점심시간에 가면 모든 손님이 런치 세트를 먹기 때문에 따로 런치 세트를 달라고 말할 필요도 없다. 이 집은 양이 적으니, 주문할 때 꼭 "오므라이스 오오모리데 오네가이시마스."라고 말하자. 100엔 추가로 오오모리(많은 양)를 아쉽지 않게 먹을 수 있다. 아니면 400엔 추가해 '함바-그(함박스테이크)'를 토핑으로 시켜도 된다. 오므라이스와 오므레츠(오믈렛)를 추천하는데, 오므레츠는 토스트와 라이스(밥) 중에서 선택할 수 있다. 직원이 꼭 음료는 언제 먹을 건지 물어보는데, 식사와 같이 달라고 말하면 음식 준비가 시간이 좀 걸리니 이왕이면 음료를 먼저 먹는 게 낫다고 알려준다. 그러니 질문을 받으면 그냥 "사키니 오네가이시마스(먼저 주세요)"라고 말하자. 내 주문을 받은 직원은 그런 말을 해 주지 않았지만, 다른 테이블에서 주문을 받은 직원은 모두 그랬다.

http://www.kissa-you.com

에그스 앤 띵스

점원: お客様、1名様？
오캬꼬사마, 이치메-사마?
손님 한 분이신가요?

니키: はい。
하이.
네.

점원: お席、テラス、店内ございますがご希望ございますか。
오세끼, 테라스, 텐나이 고자이마스가 고키보- 고자이마스까?
자리는 테라스와 실내가 있는데, 어느 쪽을 원하세요?

니키: 店内で。
텐나이데.
실내로요.

점원: 店内で。はい、かしこまりました。ご案内いたします。空いている席、お好きなお席へお願いします。
テンナイデ. 하이, 카시코마리마시따. 고안나이 이따시마스. 아이떼이루 세끼, 오스키나 오세끼에 오네가이시마스.
실내로. 네, 알겠습니다. 안내해 드리겠습니다. 빈 자리, 원하시는 자리에 앉으시면 됩니다.

점원: 以前にご利用されたことございますか。
이젠니 고리요-사레따 코또 고자이마스까?
전에 이용하신 적 있으신가요?

니키: はい。
하이.
네.

점원: はい、こちらが本日までの限定のパンケーキになっております。よろしければお試しください。
하이, 코치라가 혼지쯔마데노 겐떼-노 판케-끼니 낫떼 오리마스. 요로시케레바 오타메시 크다사이.
네, 이것은 오늘까지 한정 판매하는 팬케이크입니다. 괜찮으시면 한번 드셔 보세요.

니키: はい。
하이.
네.

240

니키: すみません。あの、これ、エッグスベネディクト スタンダードで。
스미마셍. 아노, 코레, 엑그스 베네딕토 스탄다-도데.
여기요. 저기, 이거, **에그 베네딕트 스탠더드요**.

점원: はい、かしこまりました。
하이, 카시코마리마시따.
네, 알겠습니다.

니키: 以上です。
이죠-데스.
이상입니다.

점원: はい、ありがとうございます。メニューお下げ してよろしいでしょうか。
하이, 아리가또- 고자이마스. 메뉴- 오사게시떼 요로시이데쇼-까?
네, 감사합니다. **메뉴판 치워도 될까요?**

니키: ちょっと見ててもいいですか。
좃또 미떼떼모 이이데스까?
좀 더 봐도 될까요?

점원: かしこまりました。置いていきます。
카시코마리마시따. 오이떼 이키마스.
알겠습니다. 두고 가겠습니다.

점원: お待たせいたしました。エッグスベネディクトのスタンダードでございます。ご注文のお品、以上でよろしかったでしょうか。
오마타세 이따시마시따. 엑그스 베네딕토노 스탄다-도데 고자이마스. **고츄-몽노 오시나, 이죠-데 요로시캇따 데쇼-까?**
많이 기다리셨습니다. 에그 베네딕트 스탠더드입니다. **주문하신 것에 이상 없으신가요?**

니키: はい。
하이.
네.

점원: こちら伝票となります。ごゆっくりどうぞ。
코치라 덴표-또 나리마스. 고육끄리 도-조.
여기 전표입니다. 천천히 드세요.

알아 둘 일본어 표현

자리는 테라스와 실내가 있는데, 어느 쪽을 원하세요?
お席、テラス、店内ございますがご希望ございますか。
오세끼 테라스, 텐나이 고자이마스가 고키보- 고자이마스까?

전에 이용하신 적 있으신가요?
以前にご利用されたことございますか。
이젠니 고리요-사레따 코또 고자이마스까?

에그 베네딕트 스탠더드요.
エッグスベネディクトスタンダードで。
엑그스 베네딕토 스탄다-도데.

메뉴판 치워도 될까요?
メニューお下げしてよろしいでしょうか。
메뉴- 오사게시떼 요로시이데쇼-까?

좀 더 봐도 될까요?
ちょっと見ててもいいですか。
좃또 미떼떼모 이이데스까?

주문하신 것에 이상 없으신가요?
ご注文のお品、以上でよろしかったでしょうか。
고츄-몽노 오시나, 이죠-데 요로시캇따 데쇼-까?

 **모든 메뉴가 맛있는 하와이의 브런치 맛집**

'에그스 앤 띵스(Eggs 'n Things)'는 하와이의 브런치 맛집으로 일본에도 도쿄의 하라주쿠, 긴자, 오다이바 등을 비롯해 주요 도시에 매장이 있다. 가격이 조금 비싼 게 흠이지만, 팬케이크, 오믈렛, 에그 베네딕트, 미트 앤 에그스, 와플, 크레페 등 모든 메뉴가 맛있다. 취향대로 골라서 주문하면 된다. 다행히 양이 많아서 1인당 한 가지 메뉴만 주문하면 충분히 배부르게 먹을 수 있다. 미국에서 들어온 식당은 모두 양이 많다는 점을 알아 두자. 하와이의 전통 함박 스테이크인 '로코모코'를 먹어 보는 것도 좋을 것 같다. 대부분의 메뉴는 만 원~만오천 원 수준인데, 한국의 브런치 가격과 비교해 보니 별로 비싼 것도 아닌 것 같다.
https://www.eggsnthingsjapan.com

하브스

점원: ランチご利用ですか。
란치 고리요-데스까?
런치 메뉴 이용하시나요?

니키: はい。
하이.
네.

점원: ご覧になってお待ちくださいませ。
고란니 낫떼 오마치 크다사이마세.
(메뉴를) 보면서 기다려 주세요.

점원: 1名様、お待たせいたしました。ご案内いたします。どうぞあそこお席ご利用ください。
이치메-사마, 오마타세 이따시마시따. **고안나이 이따시마스.**
도-조 아소꼬 오세끼 고리요- 크다사이.
한 분, 많이 기다리셨습니다. 안내해 드리겠습니다. 저쪽 자리를 이용해 주세요.

점원: こちらメニューでございます。お決まりでしたらお伺いいたします。
코치라 메뉴-데 고자이마스. 오키마리데시따라 오우까가이 이따시마스.
여기 메뉴입니다. 결정하셨으면 주문 받겠습니다.

니키: あの、パスタは一番人気あるのは何ですか。
아노, 파스타와 이치방 닝끼 아루노와 난데스까?
저기, 파스타는 가장 인기 있는 게 뭔가요?

점원: こちら一番上のものになります。
코치라 이치방 우에노 모노니 나리마스.
여기 가장 위에 있는 것들입니다.

니키: クリームソースパスタで。
크리-무 소-스 파스타데.
크림소스 파스타로 할게요.

점원: クリームソースパスタですと、こちら２種類のみになりますので、えーと、こちらの季節のパスタとなっております。今はこちらの方が人気です。
크리-무 소-스 파스타데스또, 코치라 니슈이 노미니 나리마스노데, 에-또, 코치라노 키세쯔노 파스타또 낫떼 오리마스. 이마와 코치라노 호-가 닝끼데스.
크림소스 파스타는 이쪽 2종류인데요. 음, 이건 계절 한정 파스타 입니다. 지금은 이쪽이 인기 있습니다.

니키: はい、それでお願いします。
하이, 소레데 오네가이시마스.
네, 그거 할게요.

 점원: こちらでよろしいですか。
코치라데 요로시이데스까?
이걸로 하면 될까요?

니키: はい。
하이.
네.

 점원: わかりました。**お飲み物お選びください。**
와까리마시따. **오노미모노 오에라비 크다사이.**
알겠습니다. **음료를 선택해 주세요.**

니키: 紅茶で。
코-챠데.
홍차요.

 점원: ホットの紅茶でよろしいですか。
홋또노 코-챠데 요로시이데스까?
따뜻한 홍차 괜찮으신가요?

니키: はい。
하이.
네.

점원: お味がレモン、ミルク、オレンジ、ストレートございます。
오아지가 레몬, 미루쿠, 오렌지, 스토레-또 고자이마스.
맛은 레몬, 우유, 오렌지, 스트레이트가 있습니다.

니키: ミルクで。
미루쿠데.
우유요.

점원: ミルクティーで。かしこまりました。ケーキこちら３種類からお選びください。
미루쿠티-데. 카시코마리마시따. 케-끼 코치라 산슈루이카라 오에라비 쿠다사이.
밀크티로. 알겠습니다. 케이크는 여기 3종류 중에서 골라 주세요.

니키: マロンタルトで。
마롱 타르토데.
마롱 타르트요.

점원: マロンタルトで。かしこまりました。お飲み物はケーキとご一緒でよろしいですか。
마롱 타르토데. 카시코마리마시따. 오노미모노와 케-끼또 고잇쇼데 요로시이데스까?
마롱 타르트요. 알겠습니다. 음료는 케이크와 함께 괜찮으신가요?

니키: はい。
하이.
네.

알아 둘 일본어 표현

런치 메뉴 이용하시나요?
ランチご利用ですか。
란치 고리요-데스까?

크림소스 파스타로 할게요.
クリームソースパスタで。
크리-무 소-스 파스타데.

음료를 선택해 주세요.
お飲み物お選びください。
오노미모노 오에라비 크다사이.

파스타는 가장 인기 있는 게 뭔가요?
パスタは一番人気あるのは何ですか。
파스타와 이치방 닝끼 아루노와 난데스까?

케이크는 여기 3종류 중에서 골라 주세요.
ケーキこちら3種類からお選びください。
케-끼 코치라 산슈루이카라 오에라비 크다사이.

음료는 케이크와 함께 괜찮으신가요?
お飲み物はケーキとご一緒でよろしいですか。
오노미모노와 케-끼또 고잇쇼데 요로시이데스까?

(메뉴를) 보면서 기다려 주세요.
ご覧になってお待ちくださいませ。
고란니 낫떼 오마치 크다사이마세.

지금은 이쪽이 인기 있습니다.
今はこちらの方が人気です。
이마와 코치라노 호-가 닝끼데스.

따뜻한 홍차 괜찮으신가요?
ホットの紅茶でよろしいですか。
홋또노 코-챠데 요로시이데스까?

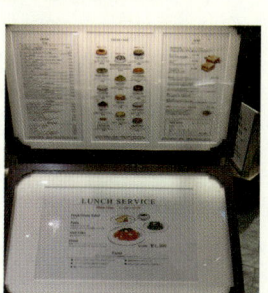

 **파스타까지 맛있는 케이크 맛집**

일본의 파스타 전문점, 패밀리 레스토랑 등에서 토마토 소스 파스타, 올리브 오일 파스타 등을 먹어 봤는데, 하나같이 모두 맛이 없었다. 일본 음식은 모두 맛있다고 생각했는데, 파스타는 한국이 더 맛있는 듯하다. 근데 이 날은 '하브스(HARBS)'라는 케이크 맛집에 갔다가 '파스타, 케이크 반 조각, 샐러드, 음료'를 함께 주는 런치 메뉴가 있길래 그걸로 주문했다. 일본에서 아직 먹어 보지 않았던 크림 소스 파스타를 주문했는데, 신기하게도 이 케이크 가게에서 먹은 파스타가 지금까지 일본에서 먹어 본 파스타 중 가장 맛있었다. 크림 소스 파스타라고 해서 까르보나라처럼 크림이 걸쭉한 것은 아니었는데 어쨌든 아주 맛있게 먹었다. 물론 케이크도 맛있었다. 이곳의 조각 케이크는 600~950엔으로 꽤 비싼 편인데도 항상 많은 손님들로 붐빈다. 런치를 먹어 보고 나서 이곳이 왜 인기가 있는지, 괜히 이름만 유명한 곳이 아니란 것을 알게 됐다.

참고로 나중에 가 본 일본식 스파게티 전문점 '요멘야 고에몬'은 꽤 맛있었다. 일본에서 스파게티가 생각난다면 이곳을 추천한다.

http://www.harbs.co.jp/harbs

루크스 로브스터

'Crab Menu Sold Out' 이란 글을 발견하고 직원에게 질문

니키: あの、ロブスターロール、もうないんですか。
아노, 로브스타-로-루, 모- 나잉데스까?
저기, 랍스터 롤이 이제 없나요?

점원: ロブスターロールはございます。クラブロールの方がなくて。
로브스타-로-루와 고자이마스. 크라브로-루노 호-가 나크떼.
랍스터 롤은 있습니다. 크랩 롤 쪽이 없어서요.

점원: (메뉴판을 건네주며) もう少々お待ちください。
모-쇼-쇼- 오마치 크다사이.
조금만 더 기다려 주세요.

점원: お客様お待たせいたしました。メニューお預かりします。
오캬끄사마 오마타세 이따시마시따. 메뉴- 오아즈카리시마스.
손님 많이 기다리셨습니다. 메뉴판 가져가겠습니다.

점원: 階段お進みになってお待ちください。
카이단 오스스미니 낫떼 오마치 크다사이.
계단을 올라가서 기다려 주세요.

주문하는 곳에서

점원: こんにちは。お待たせいたしました。
곤니치와. 오마타세 이따시마시따.
안녕하세요. 많이 기다리셨습니다.

니키: こんにちは。**ロブスターロールレギュラーで。**
곤니치와. **로브스타-로-루 레규라-데.**
안녕하세요. **랍스터 롤 레귤러로 주세요.**

점원: レギュラー一つ。はい、以上でよろしいでしょうか。
레규라- 히토쯔. 하이, 이죠-데 요로시이데쇼-까?
레귤러 하나. 네, 이상이신가요?

니키: はい。
하이.
네.

점원: 980円です。
큐햐꾸하치쥬-엔데스.
980엔입니다.

점원: 1,000円お預かりいたします。20円のお返しです。**番号1番でお呼びします。**
セェン オア즈까리 이따시마스. 니쥬-엔노 오카에시데스. **방고-이치방데 오요비시마스.**
천 엔 받았습니다. 20엔 거스름돈입니다. **번호 1번으로 부르겠습니다.**

니키: どれぐらいかかりますか。
도레그라이 카카리마스까?
얼마나 걸리나요?

점원: 10分以内にはできると思います。
쥿푼 이나이니와 데끼루또 오모이마스.
10분 안에는 될 거에요.

근처에 있다가 다시 돌아옴

니키: すみません。あの、**1番まだ呼んでないですよね？**
스미마셍. 아노, **이치방 마다 욘데나이 데스요네?**
저기, **1번 아직 안 불렀죠?**

점원: 1番、次の次です。
이치방, 쯔기노 쯔기데스.
1번은 **다다음입니다.**

니키: はい。
하이.
네.

점원: 番号1番でお待ちのお客様!
방고- 이치방데 오마치노 오캬꼬사마!
번호 1번으로 기다리시는 손님!

점원: お待たせいたしました。
오마타세 이따시마시따.
많이 기다리셨습니다.

니키: 1番ですか。
이치방데스까?
1번인가요?

점원: はい、1番です。ありがとうございます。
하이, 이치방데스. 아리가또- 고자이마스.
네, 1번입니다. 감사합니다.

알아 둘 일본어 표현

메뉴판 가져가겠습니다.
メニューお預かりします。
메뉴- 오아즈카리시마스.

아메리칸 사이즈로요.
アメリカンサイズで。
아메리칸 사이즈데.

얼마나 걸리나요?
どれぐらいかかりますか。
도레그라이 카카리마스까?

다다음입니다.
次の次です。
쯔기노 쯔기데스.

랍스터 롤이랑 진저에일 주세요.
ロブスターロールとジンジャーエールください。
로브스타-로-루또 진쟈-에-루 크다사이.

랍스터 롤 레귤러로 주세요.
ロブスターロールレギュラーで。
로브스타-로-루 레규라-데.

번호 1번으로 부르겠습니다.
番号 1 番でお呼びします。
방고- 이치방데 오요비시마스.

1번 아직 안 불렀죠?
1番まだ呼んでないですよね？
이치방 마다 욘데나이 데스요네?

번호 1번으로 기다리시는 손님!
番号 1 番でお待ちのお客様!
방고- 이치방데 오마치노 오캬끄사마!

뉴욕의 랍스터 샌드위치

루크스 로브스터(Luke's Lobster)는 뉴욕의 유명한 랍스터 샌드위치 맛집으로 도쿄의 메이지 진구마에역에도 가게가 있다. 항상 손님들이 붐비지만 테이크아웃 가게라 많이 기다리지는 않는다. 내가 간 날은 휴일이라 특별히 줄이 길었다. 일반 랍스터 롤 그러니까 미국 사이즈는 1,580엔이고, 일본에만 있는 레귤러 사이즈는 980엔이다. 레귤러 사이즈는 크기가 작아서 일반 사이즈를 먹어야 먹은 것 같다. 콜라와 진저에일은 각 120엔이니 함께 주문하는 것이 좋다. 랍스터롤과 진저에일을 주문한다면 "로브스타-로-루또 진쟈-에-루 크다사이"라고 말하자. 혹시 사이즈를 물어보면 "아메리칸 사이즈데"라고 말하고. 랍스터는 어떻게 먹어도 맛있긴 하지만, 샌드위치를 만오천 원 이상 주고 사 먹는다는 건 좀 아깝게 느껴지기도 한다.

http://lukeslobster.jp

11
기타 상황

물건을 잃어버렸을 때

비 오는 날 커피숍에서

니키: すみません。あの、黒い傘ありませんでした？
스미마셍. 아노, 크로이 카사 아리마셍데시따?
저기요. **검정색 우산 없었나요?**

점원: 黒い傘、少々お待ちくださいませ。
크로이 카사, 쇼-쇼- 오마치 크다사이마세.
검정색 우산, 잠시만 기다려 주세요.

니키: はい。
하이.
네.

점원: お客様、こちらで間違いないでしょうか。
오캬끄사마, 코치라데 마치가이 나이데쇼-까?
손님, **이거 맞으신가요?**

니키: えーと、e-pranceって。あ、これですね。
에-또, 이프란슷떼. 아, 코레데스네.
저기, e-prance라고. 아, 이거예요.

점원: はい、すみません。
하이, 스미마셍.
네, 죄송합니다.

니키: ありがとうございます。
아리가또- 고자이마스.
감사합니다.

 알아 둘 일본어 표현

우산을 잃어버렸는데, 못 보셨나요? (지갑, 여권)
傘をなくしたんですが、見ませんでした? (さいふ、パスポート)
카사오 나쿠시딴데스가, 미마셍데시따? (사이후, 파스포-토)

이거 맞으신가요?
こちらで間違いないでしょうか。
코치라데 마치가이 나이데쇼-까?

아, 이게예요.
あ、これですね。
아, 코레데스네.

물건을 잃어버려도 너무 걱정하지 말자

일본에서 물건을 잃어버린 적이 몇 번 있다. 고쿄 히가시 교엔의 벤치에 안경을 두고 오고, 도토루 커피숍에서는 우산을 두고 갈 뻔 했다. 안경은 깜빡하고 있다가 2시간쯤 후에 찾으러 갔더니 관리실에서 보관하고 있어서 습득물 장부에 사인하고 찾아왔다. 이렇게 일본에서는 물건을 잃어버려도 분실한 장소만 확실하게 기억하고 있으면 다시 찾을 확률이 매우 크다. 그러니 무엇을 잃어버렸다고 해서 너무 당황하지 말고 분실한 곳을 잘 생각해 보고, 그곳에 가서 직원이나 관리자에게 다음과 같은 식으로 앞에 들어가는 단어만 바꿔서 물어보면 된다. "사이호오 나크시딴데스가, 미마셍데시따 (지갑을 잃어버렸는데 못 보셨나요)?"

찾아가는 곳이 없어졌을 때
(신주쿠 센터 빌딩 전망대)

신주쿠 센터 빌딩 1층 엘리베이터에서 53층 버튼을 누름

엘리베이터: その階には止まりません。
소노 카이니와 토마리마셍.
그 층에는 서지 않습니다.

엘리베이터에서 나와서 지나가던 사람에게 질문

니키: すみません。あの、ここから53階に行けますか。
스미마셍. 아노, 코코카라 고쥬-상카이니 이케마스까?
실례합니다. 저기, 여기에서 53층에 갈 수 있나요?

일본인: 53階、一番上でしたっけ。一番高いとこに。
고쥬-상까이, 이치방 우에데시땃케. 이치방 다카이 도코니.
53층, 제일 윗층이었던가요. 제일 높은 층에.

니키: なんか、さっき押したんだけど……。
난까, 삭끼 오시딴다케도…….
뭐, 아까 누르긴 했는데…….

일본인: 53階って、前はレストランがあったんですけど。
고주상까잇떼, 마에와 레스토랑가 앗딴데스케도.
53층에는 전에 레스토랑이 있었는데요.

니키: あ、今は？
아, 이마와?
아, 지금은요?

일본인: 今なくなっちゃったんですよ。
이마 나크낫짯딴데스요.
지금은 없어졌어요.

니키: そうですか。なんか展望台とかないんですか。
소-데스까. 난까 텐보-다이또까 나잉데스까?
그래요. 뭐, 전망대 같은 거 없나요?

일본인: 展望台何階だったかなあ。忘れちゃった。53ですかね。ちょっと、前はあったんですけど何階か忘れちゃいました。
텐보-다이 난까이닷따까-나. 와스레짯따. 고쥬-상데스까네. 좃또, 마에와 앗딴데스케도 난까이까 와스레쨔이마시따.
전망대 몇 층이었더라. 까먹었네. 53층인가요? 전에는 있었는데 몇 층인지 까먹었네요.

니키: すみません。
스미마셍.
죄송합니다.

일본인: 閉じてるかもしれません。53階……。
토지떼루까모 시레마셍. 고쥬-상까이…….
문 닫았을지도 모르겠네요. 53층…….

니키: 他の人に聞いてみます。ありがとうございます。
호카노 히또니 키이떼미마스. 아리가또- 고자이마스.
다른 사람한테 물어볼게요. 감사합니다.

빌딩 경비원에게 질문

니키: すみません。展望台ってもうないんですか。
스미마셍. 텐보-다잇떼 모- 나잉데스까?
실례합니다. 전망대 이제 없나요?

경비: 展望台、今工事中です。
텐보-다이, 이마 **코-지츄-데스**.
전망대는 지금 **공사 중입니다**.

니키: はい、そうですか。残念ですね。ありがとうございます。
하이, 소-데스까. **잔넨데스네**. 아리가또- 고자이마스.
네, 그런가요. **아쉽네요**. 감사합니다.

알아 둘 일본어 표현

그 층에는 서지 않습니다.
その階には止まりません。
소노 카이니와 토마리마셍.

지금은 없어졌어요.
今なくなっちゃったんですよ。
이마 나크낫짯딴데스요.

문 닫았을지도 모르겠네요.
閉じてるかもしれません。
토지떼루까모 시레마셍.

공사 중입니다.
工事中です。
코-지쮸-데스.

가이드북을 백프로 믿지는 말자

도쿄의 무료 전망대 중 가장 인기 있는 '도쿄 도청 전망대'에는 사람이 많이 붐빈다고 해서 가이드북에 나온 신주쿠 센터 빌딩 전망대를 찾아갔는데, 앞에 나온 내용처럼 공사 중이라 갈 수가 없었다. 결국 도쿄 도청 전망대로 가서 줄서서 입장하고 줄서서 퇴장했다. 도청 전망대는 32층에 있고 찾아오는 관광객은 많은데 이용할 수 있는 엘리베이터가 2개밖에 없어서다. 어쨌든 맛집이나 상점 등 가이드북에는 나오지만 막상 찾아가 보면 없어지거나 옮긴 경우가 종종 있다.

다른 여행객과 대화하기

쉐이크쉑 버거 1호점 큰 테이블에서 맞은편에 앉은 사람에게

니키: 頼んでないですか。
타논데나이데스까?
주문 안 하셨나요?

여성1: あ、友達が頼んでくれて。
아, 토모다치가 타논데 크레떼.
아, 친구가 주문해 줘서요.

니키: あ、そうですね。
아, 소-데스네.
아, 그렇군요.

여성1: どちらから来られました？
도치라카라 코라레마시따?
어디에서 오셨어요?

니키: ソウルから。
소우루카라.
서울에서요.

여성1: ええぇ！日本語上手ですね。
에-! 니홍고 죠-즈데스네.
헉! 일본어 잘하시네요.

니키: いや、ちょっとだけ。
이야, 좃또다케.
아니요, 조금밖에.

여성1: 一人旅ですよね？
히또리타비데스요네?
혼자 여행하시는 거죠?

니키: はい、そうです。あ、今日最後ですよ。明日帰ります。
하이, 소-데스. 아, 쿄- 사이고데스요. **아시따 카에리마스**.
네, 그래요. 아, 오늘이 마지막이에요. **내일 돌아가요**.

여성1: どれぐらいいたんですか。
도레그라이 이딴데스까?
얼마나 있었어요?

니키: 結構、1ケ月いました。どこから来ました？
겟코-, 잇카게츠 이마시따. **도코카라 키마시따?**
꽤, 한 달 있었어요. **어디에서 오셨어요?**

여성1: 大阪。
오-사카.
오사카요.

니키: へえ、何日間ですか。
헤-, 난니치칸데스까?
와, 며칠 동안이요?

여성1: 今日と明日だけ。
쿄-또 아시따다케.
오늘이랑 내일만요.

벨이 울려서 햄버거를 받아 옴

여성1: 一緒に写真撮りません？
잇쇼니 샤신 토리마셍?
같이 사진 찍지 않을래요?

니키: どこで？ここで？
도꼬데? 코꼬데?
어디서요? 여기서?

다같이: はい、チーズ。
하이, 치-즈.
자, 치즈.

여성1: おいしいですか。
오이시이데스까?
맛있나요?

니키: あ、そうですね。**初めてですか。**
아, 소-데스네. **하지메떼데스까?**
아, 네. **처음이신가요?**

여성1: 初めて。
하지메떼.
처음이요.

니키: この前はなんか秋葉原で、カールスジュニアって知ってます？カールスジュニアってハンバーガーがあって、それもアメリカのハンバーガーなんですけど。でもこっちの方がおいしい。
코노마에와 난까 아키하바라데, 카-루스쥬니앗떼 싯떼마스? 카-루스쥬니앗떼 함바-가-가 앗떼, 소레모 아메리카노 함바-가-난데스케도. 데모 콧치노 호-가 오이시이.
요전에는 아키하바라에서, 칼스주니어라고 알아요? 칼스주니어라는 햄버거가 있어서, 그것도 미국 햄버거인데요. 근데 이게 더 맛있어요.

여성1: へえ、ははは。いいなあ、結構いろんなとこ回ってるんですね。
헤-, 하하하. 이이나- 켁코- 이론나 도꼬 마왓떼른데스네.
와, 하하하. 좋겠다. 꽤 많이 돌아다니시네요.

니키: そうですね。**食べるの好きなので。**
소-데스네. **타베루노 스키나노데.**
그러네요. **먹는 걸 좋아해서요.**

여성1: はははは。かわいい。
하하하하. 카와이-.
하하하. 귀엽다.

니키: 学生ですか。
각세-데스까?
학생인가요?

여성1: 働いてます。
하따라이떼마스.
일하고 있어요.

니키: へえ、どんな？
헤-, **돈나?**
허, **어떤?**

여성1: 看護師です。
칸고시데스.
간호사예요.

니키: へえ。
헤-.
와.

여성1: 何されてるんですか。
나니 사레떼른데스까.
무슨 일 하세요?

니키: 出版社で。
슛판샤데.
출판사에 있어요.

여성1: あ、出版社で。すごい。
아, 슛판샤데. 스고이.
와, 출판사. 대단하다.

니키: 別に大したことないですよ。2人とも看護師さんですか。
베쯔니 타이시따 코또 나이데스요. 후따리토모 칸고시상데스까?
별로 대단한 것도 없어요. 두 분 다 간호사예요?

여성1: はい、学校も一緒。
하이, 각코-모 잇쇼.
네, 학교도 같아요.

니키: 日本の看護師ってみんなきれいですか。
니혼노 칸고싯떼 민나 키레-데스까?
일본의 간호사는 모두 예쁜가요?

여성1: はは、お上手ですね。
하하, 오죠-즈데스네.
하하, 말씀 잘하시네요.

니키: いやいやいや、本当に。
이야이야이야, 혼또니.
아뇨아뇨, 정말로.

여성2: いやいやいや、そんなことないですよ。
이야이야이야, 손나코또 나이데스요.
아뇨아뇨, 그렇지 않아요.

여성1: 今日は化粧してるから。
쿄-와 케쇼-시떼루카라.
오늘은 화장을 해서 그렇죠.

여성1: シェイク飲みますか。
쉐이크 노미마스까?
쉐이크 마실래요?

니키: え、どうぞ。
에, 도-조.
어, 드세요.

여성1: おいしいよ。
오이시이요.
맛있어.

여성2: めっちゃ濃いな。
멧차 코이나.
엄청 진하네.

상대방이 다시 밀크쉐이크를 권함

니키: いいんですか。
이잉데스까?
괜찮나요?

여성1: いいですよ。
이이데스요.
괜찮아요.

니키: ううん、やっぱ甘くて……。
으음, 얏파 아마쿠떼…….
으음, 역시 달고…….

여성1: はははは。
하하하하.
하하하.

니키: 何で？
난데?
왜요?

여성1: めっちゃいいリアクション。
멧차 이이 리악숀.
리액션이 너무 좋아서요.

니키: これから予定はどうですか。
코레카라 요테-와 도-데스까?
앞으로 일정은 어떻게 돼요?

여성1: えーとね。どこ行くんだっけ。雷門。なんだっけ。
에-또네. 도꼬 이큰닷케. 카미나리몬. **난닷케.**
그러니까. 어디 가더라. 카미나리몬. **뭐더라.**

니키: あ、浅草。浅草寺ですね。
아, 아사쿠사. 센소지데스네.
아, 아사쿠사. 센소지네요.

여성1: うんうん。
응응.
맞아맞아.

니키: そうなんだ。
소-난다.
그렇구나.

니키: 韓国には行かないんですか。
칸코꾸니와 이카나잉데스까?
한국에는 안 가나요?

여성1: 行きたい。韓国行きたいな。
이키따이. 칸코꾸 이키따이나.
가고 싶어요. 한국에 가고 싶다.

니키: ソウルに遊びにおいで。
소우루니 아소비니 오이데.
서울에 놀러 와요.

 여성1: 本当？行く時は案内してくれます？
혼또? 이크 토키와 안나이시떼 크레마스?
정말요? 가면 안내해 줄 거예요?

니키: おいしいとこ案内します。
오이시이 토코 안나이시마스.
맛있는 곳 안내할게요.

 여성1: やった！マジで？
얏따! 마지데?
앗싸! 정말요?

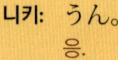 니키: うん。
응.
네.

 여성1: お願いします。
오네가이시마스.
잘 부탁합니다.

알아 둘 일본어 표현

얼마나 있었어요?
どれぐらいいたんですか。
도레그라이 이딴데스까?

어디에서 오셨어요?
どこから来ました？
도코카라 키마시따?

무슨 일 하세요?
何されてるんですか。
나니 사레떼른데스까?

자, 치즈.
はい、チーズ。
하이, 치-즈.

처음이신가요?
初めてですか。
하지메떼데스까?

학생인가요?
学生ですか。
각세-데스까?

일하고 있어요.
働いてます。
하따라이떼마스.

같이 사진 찍지 않을래요?
一緒に写真撮りません？
잇쇼니 샤신 토리마셍?

며칠 동안인가요?
何日間ですか。
난니치칸데스까?

쉐이크 마실래요?
シェイク飲みますか。
쉐이크 노미마스까?

앞으로 일정은 어떻게 돼요?
これから予定はどうですか。
코레카라 요테-와 도-데스까?

한국에는 안 가나요?
韓国には行かないんですか。
칸코꾸니와 이카나잉데스까?

서울에 놀러 와요.
ソウルに遊びにおいで。
소우루니 아소비니 오이데.

맛있는 곳 안내할게요.
おいしいとこ案内します。
오이시이 토코 안나이시마스.

아사쿠사 센소지에서 운세 뽑기(오미쿠지)

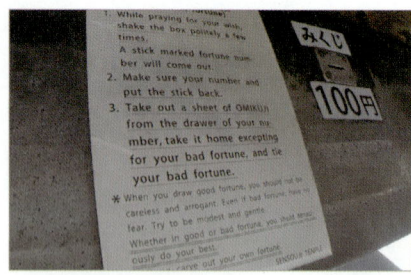

❶ 동전 투입구에 100엔을 넣는다.

❷ 소원을 빌면서 은색의 통을 잡고 몇 번 흔든다.

아사쿠사의 센소지 절에 가면 '오미쿠지'라고 운세 뽑기가 있다. 재미 삼아 한 번 해 보면 좋을 것 같다. 일본어와 영어로는 이용 방법이 적혀 있지만, 한국어 설명은 따로 없어서 아래와 같이 설명한다.

통에서 튀어나온 나무 막대기의 번호를 확인하고, 같은 번호의 서랍 위치도 확인한다.

나무 막대기를 다시 통에 집어넣는다.

나무 막대기에 적혔던 번호와 같은 번호의 서랍을 열어서 운세가 적힌 종이를 한 장 꺼낸다. 운세는 일본어와 영어로 적혀 있다.

12
귀국

숙소 체크아웃, 짐 보관

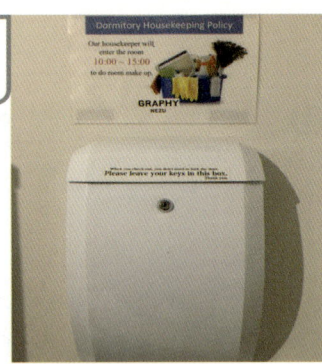

니키: おはようございます。今日チェックアウトですけど、午後のフライトなので**荷物預かってもらえますか**。
오하요- 고자이마스. 쿄- 첵꾸아우또 데스케도, 고고노 후라이또 나노데 **니모쯔 아즈깟떼 모라에마스까**?
안녕하세요. 오늘 체크아웃인데요. 오후 비행기라 **짐을 맡아 주실 수 있나요**?

 직원: これご記入していただけますか。
코레 고키뉴-시떼 이따다케마스까?
이걸 **작성**해 주시겠어요?

보관 신청서를 작성하고 캐리어를 직원에게 맡김

> **니키:** ありがとうございます。
> 아리가또- 고자이마스.
> 감사합니다.

외출에서 돌아옴

> **니키:** (보관증을 건네며) 預けた荷物もらえますか。
> 아즈케따 니모쯔 모라에마스까?
> 맡긴 짐을 찾을 수 있을까요?

> **직원:** (맡겼던 가방을 가져 옴)

> **니키:** ありがとうございます。
> 아리가또- 고자이마스.
> 감사합니다.

알아 둘 일본어 표현

짐을 맡아 주실 수 있나요?
荷物預かってもらえますか。
니모쯔 아즈깟떼 모라에마스까?

맡긴 짐을 찾을 수 있을까요?
預けた荷物もらえますか。
아즈케따 니모쯔 모라에마스까?

스이카 카드 환불

니키: スイカカード払い戻したいんですけど。
스이카 카-도 하라이모도시따잉데스케도.
스이카 카드를 환불받고 싶은데요.

직원: 払い戻しで。はい。こちら500円の**デポジット**分の払い戻しになりますが、よろしいですか。
하라이모도시데. 하이. 코치라 고햐끄엔노 **데포짓또**분노 하라이모도시니 나리마스가, 요로시이데스까?
환불, 네. **보증금** 500엔이 환불되는데, 괜찮으신가요?

니키: はい。
하이.
네.

직원: じゃ、残ってる196円をこちら全て手数料でいただいてしまうことになるので、もしよろしければ使っていただいてもよろしいですが。
쟈, 노콧떼루 햐끄큐-쥬-로쿠엔오 코치라 스베떼 테스-료-데 이따다이떼시마우 코또니 나루노데, 모시 요로시케레바 츠캇떼 이따다이떼모 요로시이데스가.
그러면, 남아 있는 196엔을 여기서 전부 수수료로 공제하게 되는데, 가능하면 사용하셔도 됩니다.

니키: 大丈夫です。
다이죠-브데스.
괜찮습니다.

직원: 大丈夫ですか。はい。500円のお返しですね。ありがとうございました。
다이죠-브데스까? 하이. 고햐끄엔노 오카에시데스네. 아리가또- 고자이마시따.
괜찮나요? 네. 500엔 거스름돈입니다. 감사합니다.

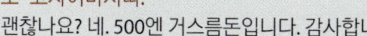

알아 둘 일본어 표현

스이카 카드를 환불받고 싶은데요.
スイカカード払い戻したいんですけど。
스이카 카-도 하라이모도시따잉데스케도.

 **수수료 없이 스이카 카드 반납하기**

한국으로 돌아올 때 일본에 다시 여행 갈 사람이 아니라면 '미도리노 마도구치(Ticket office)'에 스이카 카드를 반납하고 보증금 500엔을 환불받자. 카드 안에 보증금 외에 잔액이 없으면 500엔만 돌려받으면 되는데, 잔액이 200엔 이상 있으면 200엔을 공제하고 나머지 잔액을 돌려주고, 잔액이 200엔 이하면 그 금액은 모두 수수료로 공제된다. 그러니 보증금 외의 잔액은 모두 사용하고 카드를 반납하는 것이 좋다. 전철을 탈 일이 없다면 편의점 등에서도 스이카 카드를 현금카드처럼 쓸 수 있으니 잔액을 모두 쓰고 반납하도록 하자. 공항에서 따로 돈 쓸 곳이 없다고 생각하고 그냥 반납해 버렸는데, 막상 환불하고 나서 보니 근처에 편의점이 있었다. 이럴 때는 껌이나 과자라도 하나 사면 손해를 덜 볼 수 있다.

공항 면세점

점원: お待たせいたしました。お客様、100円で保冷剤ご利用ですか。
오마타세 이따시마시따. 오캬꾸사마, 햐꾸엔데 호레-자이 고리요-데스까?
많이 기다리셨습니다. 손님, 100엔으로 보냉제를 구입하시겠어요?

니키: はい、お願いします。
하이, 오네가이시마스.
네, 부탁합니다.

점원: かしこまりました。じゃ、保冷剤代含めましてお会計合計4,350円でございます。5,000円のお返しです。ありがとうございました。
카시코마리마시따. 쟈, 호레-자이다이 후크메마시떼 오카이케-고, 케- 욘센산뱌꾸고쥬-엔데 고자이마스. 고셍엔노 오카에시데스. 아리가또- 고자이마스.
알겠습니다. 보냉제 포함해서 합계 4,350엔입니다. 받은 5,000엔의 거스름돈입니다. 감사합니다.

알아 둘 일본어 표현

100엔으로 보냉제 구입하시겠어요?
100円で保冷剤ご利用ですか。
햐끄엔데 호레-자이 고리요-데스까?

 **인기 기념품과 보냉제 질문**

지인들에게 줄 기념품을 사야 하는데 짐이 많아서 걱정되는 사람은 공항 면세점을 이용하도록 하자. 수화물을 실은 후에 산 면세점 물건은 수화물 무게에 포함되지 않으니 걱정할 필요가 없다. 공항 면세점의 인기 쇼핑 품목으로는 로이스 초콜릿, 도쿄 바나나, 긴자 딸기빵, 킷캣 초콜릿 등이 있다. 이 중에서 로이스 초콜릿은 생초콜릿이기 때문에 항상 차가운 곳에 보관해야 한다. 그래서 로이스 초콜릿은 계산할 때 점원이 꼭 "햐끄엔데 호레-자이 고리요-데스까(100엔으로 보냉제 구입하시겠어요)?"라고 물어본다. 이때는 "하이(네)"라고 대답하자.

Part 3 　 상황별 일본어 바로 찾기

01 공통 표현

02 공항, 교통

03 숙박

04 관광

05 식당, 술집

06 쇼핑

07 교류 · 대화

08 문제 상황, 건강

Part 3

상황별 일본어 바로 찾기

01 공통 표현

- **한국인입니다.**
  韓国人です。
  칸코끄징데스.

- **일본어 못해요.**
  日本語わかりません。
  니홍고 와까리마셍.

- **잘 모르겠어요.**
  よくわかりません。
  요꼬 와까리마셍.

- **저도.**
  私も。
  와타시모.

- **저도 모르겠어요.**
  私もわかりません。
  와타시모 와까리마셍.

- **알겠습니다.**
  わかりました。
  와까리마시따.

- **천천히 말해 주시겠어요?**
  ゆっくり話してもらえますか。
  육끄리 하나시떼 모라에마스까?

- **한 번 더 말해 주세요.**
  もう一度お願いします。
  모-이치도 오네가이시마스.

- **여기에 좀 써 주시겠어요?**
  ここに書いてもらえますか。
  코꼬니 카이떼 모라에마스까?

- **이건 뭐예요?**
  これは何ですか。
  코레와 난데스까?

- **이거 뭐라고 읽나요?**
  これ、何て読みますか。
  코레, 난떼 요미마스까?

- **한국어 하는 사람이 있나요?**
  韓国語を話せる人いますか。
  칸코끄고오 하나세루 히또 이마스까?

- **화장실이 어디예요?**
  トイレはどこですか。
  토이레와 도꼬데스까?

- **화장실 좀 써도 되나요?**
  トイレ借りてもいいですか。
  토이레 카리떼모 이이데스까?

- **이거 좀 써도 되나요?**
  これちょっと借りてもいいですか。
  코레 좃또 카리떼모 이이데스까?

- **펜 좀 빌릴 수 있을까요?**
  ペンを貸してもらえませんか。
  펜오 카시떼 모라에마셍까?

- **좀 도와주실 수 있나요?**
  ちょっと手伝ってもらえませんか。
  좃또 테쯔닷떼 모라에마셍까?

- **잘 부탁합니다.**
  よろしくお願いします。
  요로시꾸 오네가이시마스.

- **저야말로 잘 부탁합니다.**
  こちらこそよろしく。
  코치라꼬소 요로시꾸.

- **늦어서 죄송합니다.**
  遅くなってごめんなさい。
  오소쿠낫떼 고멘나사이.

숫자, 번호

1	2	3	4	5	6
一	二	三	四	五	六
이치	니	상	시	고	로끄

7	8	9	10	100	1,000	10,000
七	八	九	十	百	千	一万
시치/나나	하치	큐-	쥬-	햐끄	센	이치만

1번	2번	3번	4번	5번	6번
一番	二番	三番	四番	五番	六番
이치방	니방	산방	욘방	고방	로끄방

7번	8번	9번	10번	11번	12번	100번
七番	八番	九番	十番	十一番	十二番	百番
나나방	하치방	큐-방	쥬-방	쥬-이치방	쥬-니방	햐끄방

개수

하나	둘	셋	넷	다섯	여섯
一つ	二つ	三つ	四つ	五つ	六つ
히토쯔	후타쯔	밋쯔	욧쯔	이쯔쯔	뭇쯔

일곱	여덟	아홉	열
七つ	八つ	九つ	十
나나쯔	얏쯔	코코노쯔	토-

1개	2개	3개	4개	5개	6개
一個	二個	三個	四個	五個	六個
익꼬	니꼬	상꼬	용꼬	고꼬	록꼬

7개	8개	9개	10개		
七個	八個	九個	十個		
나나꼬	핫꼬	큐-꼬	줏꼬		

사람 수

1명	2명	3명	4명	5명	6명
一人	二人	三人	四人	五人	六人
히또리	후따리	산닝	요닝	고닝	로꾸닝

7명	8명	9명	10명		
七人	八人	九人	十人		
시치닝	하치닝	큐-닝	쥬-닝		

02 | 공항, 교통 ✈

- **짐 찾는 곳이 어딘가요?**
  荷物の受け取り場所はどこですか。
  니모쯔노 우케토리 바쇼와 도꼬데스까?

- **제 짐이 보이지 않는데요.**
  私の荷物が見つからないんですけど。
  와타시노 니모쯔가 미츠카라나잉데스케도.

- **공중전화는 어디에 있나요?**
  公衆電話はどこにありますか。
  코-슈-뎅와와 도꼬니 아리마스까?

- **지하철은 어딘가요?**
  地下鉄はどこですか。
  치카테쯔와 도꼬데스까?

- **JR역은 어딘가요?**
  JRの駅はどこですか。
  제-아-루노 에끼와 도꼬데스까?

- **택시 타는 곳이 어딘가요?**
  タクシー乗り場はどこですか。
  탁시- 노리바와 도꼬데스까?

- **스이카 카드 있나요?**
  スイカカードありますか。
  스이카 카-도 아리마스까?

- **(개찰구를) 잘못 들어왔는데요.**
  間違って入っちゃったんですが。
  마치갓떼 하잇챳딴데스가.

  지명/주소/지도를 보여주면서
- **이곳에 가고 싶은데요.**
  ここに行きたいんですけど。
  코꼬니 이키따잉데스케도.

- **다음 역이 어딘가요?**
  次の駅は何ですか。
  쯔기노 에끼와 난데스까?

  만원전철에서 내리려고 할 때
- **(저) 내려요.**
  降ります。
  오리마스.

  지명/주소/지도를 보여주면서
- **이곳으로 가 주세요.**
  ここに行ってください。
  코꼬니 잇떼 크다사이.

- **공항으로 가 주세요.**
  空港に行ってください。
  크-코-니 잇떼 크다사이.

- **좀 더 서둘러 주시겠어요?**
  もう少し急いでもらえますか。
  모-스코시 이소이데 모라에마스까?

- **트렁크 좀 열어 주세요.**
  トランクを開けてください。
  토랑크오 아케떼 크다사이.

- **여기서 내릴게요.**
  ここで降ります。
  코꼬데 오리마스.

- **셔틀버스는 어디서 타나요?**
  シャトルバスはどこで乗りますか。
  샤토루 바스와 도꼬데 노리마스까?

- **스이카 카드를 환불받으려고 하는데요.**
  スイカカード払い戻したいんですけど。
  스이카 카-도 하라이모도시따잉데스케도.

- **공항 제2빌딩이 나리타공항 제2터미널인가요?**
  空港第２ビルって成田空港第２ターミナルのことですか。
  크-코- 다이니비룻떼 나리따크-코- 다이니 타-미나루노 코또데스까?

공항, 항공

공항 空港 쿠-코-	면세점 免税店 멘제-뗑	항공권 航空券 코-쿠-켄	항공편 フライト 후라이또
관광 観光 칸코-	여행 旅行 료코-	휴가 休暇 큐-까	여권 パスポート 파스포-또
신분증 身分証 미분쇼-	게이트 ゲート 게-또	수화물 찾는 곳 手荷物受取所 테니모쯔우케토리쇼	짐 荷物 니모쯔
캐리어 スーツケース 스-츠케-스	가방 カバン 카방	지갑 財布 사이후	전자기기 電子機器 덴시키키
노트북 ノートパソコン 노-토파소콘	태블릿 タブレット 타브렛또	휴대전화 携帯 케-따이	스마트폰 スマホ、スマートホン 스마호, 스마-토혼
전화번호 電話番号 뎅와방고-	시계 時計 토께-		

교통, 위치

전철 電車 덴샤	지하철 地下鉄 치카테쯔	역 駅 에끼	개찰구 改札 카이사쯔
표 切符、チケット 킵쁘, 치켓또	요금 料金 료-킨	보증금 デポジット 데포짓또	출발 出発 슛파쯔
도착 到着 토-챠꾸	환승 乗り換え 노리카에	특급 特急 톳큐-	급행 急行 큐-코-
쾌속 快速 카이소꾸	준급(준급행) 準急 쥰큐-	회송 回送 카이소-	첫차 始発 시하쯔
막차 終電 슈-덴	출구 出口 데그치	동쪽 출입구 東口 히가시그치	서쪽 출입구 西口 니시그치
남쪽 출입구 南口 미나미그치	북쪽 출입구 北口 키타그치	노선도 路線図 로센즈	지도 地図 치즈
주소 住所 쥬-쇼	길 道 미치	버스 정류장 バス停 바스테-	택시 タクシー 탁시-
트렁크 トランク 토랑크	차(승용차) 車 크루마	고속버스 高速バス 코-소꾸바스	편도 片道 카타미치

왕복 往復 오-후크	**배** 船 후네	**페리** フェリー 훼리-	**자전거** 自転車 지뗀샤
가깝다 近い 치카이	**멀다** 遠い 토오이	**왼쪽** 左 히다리	**오른쪽** 右 미기
건너편(맞은편) 向こう、向かい 무코-, 무카이	**모퉁이** 角 카도	**위** 上 우에	**아래** 下 시타
지하 地下 치카	**1층** 1階 익카이	**2층** 2階 니카이	**계단** 階段 카이당
엘리베이터 エレベーター 에레베-따-	**에스컬레이터** エスカレーター 에스카레-따-		

03 | 숙박

- **빈방 있나요?**
  空いてる部屋ありますか。
  아이떼루 헤야 아리마스까?

- **1인실 있나요? (2인실)**
  一人部屋ありますか。(二人部屋)
  히또리베야 아리마스까? (후따리베야)

- **싱글룸으로 부탁합니다. (더블룸)**
  シングルルームお願いします。(ダブルルーム)
  싱그루루-므 오네가이시마스. (다브루루-므)

- **체크인 부탁합니다.**
  チェックインお願いします。
  첵끄인 오네가이시마스.

- **예약했는데요.**
  予約したんですけど。
  요야끄시딴데스케도.

- **(좀 이르긴 한데) 지금 체크인 되나요?**
  (少し早いんですけど) 今チェックインできますか。
  (스코시 하야잉데스케도) 이마 첵끄인 데끼마스까?

- **(체크인 할 때까지) 짐을 맡아 줄 수 있나요?**
  (チェックインまで) 荷物を預かってもらえますか。
  (첵끄인마데) 니모쯔오 아즈캇떼 모라에마스까?

- **신용카드 되나요?**
  クレジットカード使えますか。
  크레짓또 카-도 츠카에마스까?

- **주방은 어디인가요? (식당)**
  キッチンはどこですか。(ダイニング)
  키친와 도꼬데스까? (다이닝그)

- **라운지는 어디인가요?**
  ラウンジはどこですか。
  라운지와 도꼬데스까?

- **동전 세탁기가 있나요?**
  コインランドリーありますか。
  코인란도리 아리마스까?

- **세탁 세제 여기서 살 수 있나요?**
  洗濯洗剤ここで買えますか。
  센타끄 센자이 코꼬데 카에마스까?

- **와이파이 되나요?**
  Wi-Fiありますか。
  와이화이 아리마스까?

- **와이파이 비밀번호가 있나요?**
  Wi-Fiのパスワードありますか。
  와이화이노 파스와-도 아리마스까?

- **와이파이가 연결되지 않는데요.**
  Wi-Fiがつながらないんですけど。
  와이화이가 쯔나가라나잉데스케도.

- **방이 추운데요.**
  部屋が寒いんですけど。
  헤야가 사무잉데스케도.

- **에어컨이 작동하지 않는데요.**
  クーラーが動かないんですけど。
  크-라-가 우고카나잉데스케도.

- **뜨거운 물이 안 나오는데요.**
  お湯が出ないんですけど。
  오유가 데나잉데스케도.

- **화장실이 막혀 버렸는데요.**
  トイレが詰まってしまったんですけど。
  토이레가 쯔맛떼시맛딴데스케도.

- **방을 바꿔 주실 수 없을까요?**
  部屋を変えてもらえませんか。
  헤야오 카에떼 모라에마셍까?

- **방에 키를 두고 나왔는데요.**
  部屋に鍵を置き忘れたんですけど。
  헤야니 카기오 오키와스레딴데스케도.

- **방 키를 잃어버렸는데요.**
  部屋の鍵をなくしてしまったんですけど。
  헤야노 카기오 나크시떼시맛딴데스케도.

- **렌탈용 자전거 있나요?**
  貸し自転車ありますか。
  카시 지뗀샤 아리마스까?

- **근처에 자전거 빌리는 곳이 있나요?**
  この辺に自転車を借りられるところありますか。
  코노헨니 지뗀샤오 카리라레루 도꼬로 아리마스까?

- **하루 더 연장하고 싶은데요. (이틀, 사흘)**
  もう一日延泊したいんですけど。(二日、三日)
  모-이치니치 엔파끄시따잉데스케도. (후쯔-카, 밋카)

- **체크아웃 할게요.**
  チェックアウトします。
  첵끄아우또시마스.

- **오후 비행기인데요.**
  午後のフライトなんですけど。
  고고노 후라이또난데스케도.

- **오후까지 짐을 보관해 주실 수 있나요?**
  午後まで荷物を預かってもらえますか。
  고고마데 니모쯔오 아즈캇떼 모라에마스까?

- **오후에 체크아웃해도 되나요? (민박에서 물어볼 때)**
  午後にチェックアウトしてもいいですか。
  고고니 첵끄아우또 시떼모 이이데스까?

- **맡긴 짐 찾을 수 있을까요?**
  預けた荷物もらえますか。
  아즈케따 니모쯔 모라에마스까?

- **택시 좀 불러 주시겠어요?**
  タクシー呼んでもらえますか。
  탁시- 욘데 모라에마스까?

숙박

예약	**취소**	**숙박 연장**	**사인**
予約	キャンセル	延泊	サイン、署名
요야끄	캰세루	엔파끄	사인, 쇼메-
조식	**방**	**열쇠**	**자물쇠**
朝食	部屋	鍵	ロック
쵸-쇼끄	헤야	카기	록끄
자동잠금문	**사물함**	**침대**	**이불**
オートロック	ロッカー	ベッド	布団
오-토록끄	록까-	벳도	후톤

베개	커버	침대시트	에어컨
枕	カバー	シーツ	クーラー
마크라	카바-	시-쯔	쿠-라-

히터	욕조	온수	슬리퍼
ヒーター	お風呂	お湯	スリッパ
히-따-	오후로	오유	스릿빠

티슈	화장지	휴지통	이어폰
ティッシュ	トイレットペーパー	ごみ箱	イヤホン
팃슈	토이렛또 페-파-	고미바꼬	이야혼

수면안대	비누	칫솔	치약
アイマスク	せっけん	歯ブラシ	歯磨き
아이마스크	섹켄	하부라시	하미가키

면도기	드라이어	세제	냉장고
かみそり	ドライヤー	洗剤	冷蔵庫
카미소리	도라이야-	센자이	레-조-꼬

TV	컴퓨터	창	전화
テレビ	パソコン	窓	電話
테레비	파소콘	마도	뎅와

인터폰	카펫	책상	거울
インターホン	カーペット	机	鏡
인타-혼	카-펫또	츠크에	카가미

우산	덥다	춥다	따뜻하다
傘	暑い	寒い	暖かい
카사	아쯔이	사무이	아따따까이

시원하다			
涼しい			
스즈시이			

시간

약속 約束 약소끄	아침 朝 아사	점심 お昼 오히루	저녁 夕方 유-가타
밤 夜 요루	오전 午前 고젠	오후 午後 고고	지금 今 이마
아까 さっき 삭끼	나중에 後で 아또데	빨리 早く 하야끄	1분 1分 잇푼
3분 3分 산푼	5분 5分 고훈	10분 10分 줏푼	30분 30分 산줏푼
1시간 1時間 이치지칸	2시간 2時間 니지칸	~전 〜前 ~마에	~후 〜後 ~아또

시기, 기간

평일 平日 헤-지쯔	**주말** 週末 슈-마쯔	**휴일** 休日 큐-지쯔	**어제** 昨日 키노-
그저께 一昨日 오또또이	**오늘** 今日 쿄-	**내일** 明日 아시따	**모레** 明後日 아삿떼
당일치기 日帰り 히가에리	**1박2일** 一泊二日 잇파끄후쯔카	**2박3일** 二泊三日 니하끄밋카	**3박4일** 三泊四日 산파끄욧카
4박5일 四泊五日 욘파끄이츠카	**일주일** 一週間 잇슈-칸	**이번 주** 今週 콘슈-	**다음 주** 来週 라이슈-
지난 주 先週 센슈-	**이번 달** 今月 콘게쯔	**다음 달** 来月 라이게쯔	**지난 달** 先月 센게쯔
올해 今年 코또시	**내년** 来年 라이넨	**작년** 去年 쿄넨	**봄** 春 하루
여름 夏 나쯔	**가을** 秋 아끼	**겨울** 冬 후유	

 | 관광

- **먼가요?**
  遠いですか。
  토오이데스까?

- **가깝나요?**
  近いですか。
  치까이데스까?

- **걸어갈 수 있나요?**
  歩いて行けますか。
  아루이떼 이케마스까?

- **무료인가요?**
  無料ですか。
  무료-데스까?

- **성인 한 장 주세요.**
  大人1枚お願いします。
  오또나 이치마이 오네가이시마스.

- **어른 둘, 아이 하나 주세요.**
  大人2枚、子ども1枚お願いします。
  오또나 니마이, 코도모 이치마이 오네가이시마스.

- **실례지만, 사진 좀 찍어 주실 수 있을까요?**
  すみません、写真とってもらえませんか。
  스미마셍, 샤신 톳떼 모라에마셍까?

- **이 버튼만 누르시면 돼요.**
  このボタンを押すだけです。
  코노 보땅오 오스다케데스.

- **같이 사진 찍어도 괜찮을까요?**
  一緒に写真とってもいいですか。
  잇쇼니 샤신 톳떼모 이이데스까?

- **자, 김치.**
  はい、チーズ。
  하이, 치-즈.

- **당신 사진을 찍어도 될까요?**
  あなたの写真を撮ってもいいですか。
  아나따노 샤신오 톳떼모 이이데스까?

- **한 장 더 부탁합니다.**
  もう1枚お願いします。
  모-이치마이 오네가이시마스.

- **그 투어는 매일 있나요?**
  そのツアーは毎日ありますか。
  소노 쯔아-와 마이니치 아리마스까?

- **혼자라도 괜찮은가요?**
  一人でも大丈夫ですか。
  히또리데모 다이죠-브데스까?

- **인기 있는 클럽이 어디예요?**
  人気のあるクラブはどこですか。
  닝끼노 아루 크라부와 도꼬데스까?

- **자전거를 빌리고 싶은데요.**
  自転車を借りたいんですけど。
  지뗀샤오 카리따잉데스케도.

- **타 봐도 되나요?**
  乗ってみてもいいですか。
  놋떼미떼모 이이데스까?

- **만져도 되나요?**
  触ってもいいですか。
  사왓떼모 이이데스까?

- **이거 가져도 되나요?**
  これもらってもいいですか。
  코레 모랏떼모 이이데스까?

- **네, 그러세요. (허락할 때)**
  はい、どうぞ。/ いいですよ。/ もちろんです。
  하이, 도-조. / 이이데스요. / 모치론데스.

관광

투어	안내	통역	가이드
ツアー	案内	通訳	ガイド
쯔아-	안나이	쯔-야끄	가이도

축제	불꽃놀이	꽃놀이	박물관
祭り	花火	花見	博物館
마쯔리	하나비	하나미	하쿠부쯔칸

미술관	동물원	수족관	유원지
美術館	動物園	水族館	遊園地
비쥬쯔칸	도-부쯔엔	스이조크칸	유-엔치

입장권	학생할인	공원	숲
入場券	学割	公園	森
뉴-죠-켄	가크와리	코-엔	모리

해변	사원	신사	온천
海辺、ビーチ	お寺	神社	温泉
으미베, 비-치	오테라	진쟈	온센

노천탕	가족탕	혼욕	스키장
露天風呂	貸切風呂	混浴	スキー場
로텐부로	카시키리후로	콘요크	스키-죠-

음악	영화	날씨	맑음
音楽	映画	天気	晴れ
온가끄	에-가	텐키	하레

비	눈	흐림	소나기
雨	雪	曇り	夕立
아메	유끼	크모리	유-다치

태풍	장마	원숭이	고양이
台風	梅雨	サル	猫
타이후-	쯔유	사루	네꼬
개			
犬			
이누			

05 | 식당, 술집

- **두 명입니다. (한 명, 세 명, 네 명)**
  二人です。(一人、三人、四人)
  후따리데스. (히또리, 산닝, 요닝)

- **가져갈 거예요.**
  持ち帰りで。
  모치카에리데.

- **테이크아웃 가능한가요?**
  テイクアウトできますか。
  테이크아우또 데끼마스까?

- **네, (담배) 피웁니다.**
  はい、吸います。
  하이, 스이마스.

- **아뇨, (담배) 안 피워요.**
  いや、吸わないです。
  이야, 스와나이데스.

- **여기요.**
  すみません。
  스미마셍.

- **한국어 메뉴 있나요? (영어)**
  韓国語のメニューありますか。(英語)
  칸코끄고노 메뉴- 아리마스까? (에-고)

- **세트 메뉴가 있나요?**
  セットメニューありますか。
  셋또메뉴- 아리마스까?

- **런치 메뉴가 있나요?**
  ランチメニューありますか。
  란치메뉴- 아리마스까?

- **추천 음식은 뭔가요?**
  おすすめは何ですか。
  오스스메와 난데스까?

- **인기 메뉴는 뭐예요?**
  人気メニューは何ですか。
  닝끼메뉴-와 난데스까?

- **가장 인기 있는 건 뭐예요?**
  一番人気は何ですか。
  이치방닝끼와 난데스까?

- **(이거) 양이 많나요?**
  (これは) 量が多いですか。
  (코레와) 료-가 오오이데스까?

- **(이거) 맵나요?**
  (これ) 辛いですか。
  (코레) 카라이데스까?

- **이거 (2개) 주세요.**
  これ(二つ)ください。
  코레 (후타쯔) 크다사이.

- **이거랑 이거 주세요.**
  これとこれください。
  코레또 코레 크다사이.

- **저도 같은 거 주세요.**
  私も同じもので。
  와타시모 오나지 모노데.

- **저거랑 같은 거 주세요.**
  あれと同じものください。
  아레또 오나지 모노 크다사이.

- **이상입니다(그게 다예요).**
  以上です。
  이죠-데스

- **금방 되나요?**
  すぐできますか。
  스그 데끼마스까?

- **보통으로요.**
  普通で。
  후쯔-데.

- **많은 양으로요.**
  大盛りで。
  오오모리데.

- **적은 양으로요.**
  少なめで。
  스크나메데.

- **얼음 빼고요.**
  氷抜きで。
  코오리 누끼데.

- **얼음 조금만요.**
  氷少なめで。
  코오리 스크나메데.

- **소금은 조금만 넣어 주세요.**
  塩は少なめでお願いします。
  시오와 스크나메데 오네가이시마스.

- **소스(와 마요네즈)는 조금만 뿌려 주세요.**
  ソース(とマヨネーズ)は少なめにしてください。
  소-스(또 마요네-즈)와 스크나메니 시떼 크다사이.

- **주문 변경 가능한가요?**
  注文変更できますか。
  츄-몽 헨꼬- 데끼마스까?

- **이건 주문한 거 아닌데요.**
  これは注文してないんですけど。
  코레와 츄-몽시떼 나잉데스케도.

- **앞치마 있나요?**
  エプロンありますか。
  에프론 아리마스까?

- **양배추용 드레싱 있나요?**
  キャベツ用ドレッシングありますか。
  캬베쯔요- 도레싱그 아리마스까?

- **이거 더 주실 수 있나요? (리필)**
  これおかわりできますか。
  코레 오까와리 데끼마스까?

- **이거 좀 더 주세요. (밥, 장국, 반찬 등의 리필)**
  これおかわりお願いします。
  코레 오까와리 오네가이시마스.

- **이거 하나 더 주세요. (추가 주문)**
  これもう一つください。
  코레 모-히토쯔 크다사이.

- **숟가락을 떨어뜨렸는데요. (젓가락)**
  スプーンを落としてしまったんですけど。(箸)
  스푼오 오토시떼 시맛딴데스케도. (하시)

- **여기 치워 주시겠어요?**
  これ下げてもらえますか。
  코레 사게떼 모라에마스까?

- **찬물 좀 주시겠어요? (따뜻한 물)**
  お冷もらえますか。(お湯)
  오히야 모라에마스까? (오유)

- **개인 접시 주시겠어요?**
  取り皿もらえますか。
  토리자라 모라에마스까?

- **물수건 주시겠어요?**
  おしぼりもらえますか。
  오시보리 모라에마스까?

- **냅킨 주시겠어요?**
  紙ナプキンもらえますか。
  카미나프킨 모라에마스까?

- **재털이 주시겠어요?**
  灰皿もらえますか。
  하이자라 모라에마스까?

- **영수증 주시겠어요?**
  レシートもらえますか。
  레시-또 모라에마스까?

- **이거 데워 주실 수 있나요?**
  これ温めてもらえますか。
  코레 아따따메떼 모라에마스까?

- **남은 음식 포장해 주실 수 있나요?**
  残ったの包んでもらえますか。
  노콧따노 쯔쯘데 모라에마스까?

- **계산 부탁합니다.**
  お勘定お願いします。
  오칸죠- 오네가이시마스.

- **계산은 따로 해 주세요.**
  会計は別々でお願いします。
  카이케-와 베쯔베쯔데 오네가이시마스.

- **여기서 계산하면 되나요?**
  ここで払ってもいいですか。
  코코데 하랏떼모 이이데스까?

- **선불인가요?**
  前払いですか。
  마에바라이데스까?

- **잘 먹었습니다.**
  ごちそうさまでした。
  고치소-사마데시따.

- **(아주) 맛있었어요.**
  (とても)おいしかったです。
  (도떼모)오이시캇따데스.

식당, 맛

테이블 テーブル 테-브루	바 자리 カウンター席 카운타-세끼	금연석 禁煙席 킹엔세끼	흡연석 喫煙席 키츠엔세끼
만석 満席 만세끼	접시 お皿 오사라	개인 접시, 앞접시 取り皿 토리자라	젓가락 お箸 오하시
숟가락 スプーン 스푼	포크 フォーク 호-크	나이프 ナイフ 나이후	컵 コップ 콥쁘
물수건 おしぼり 오시보리	냅킨 紙ナプキン 카미나프킨	앞치마 エプロン 에프론	빨대 ストロー 스토로-
짜다 しょっぱい 숏파이	시다 酸っぱい 슷파이	맵다 辛い 카라이	달다 甘い 아마이

싱겁다	쓰다	뜨겁다	차갑다
味が薄い	苦い	熱い	冷たい
아지가 우스이	니가이	아쯔이	츠메따이

주문

주문	추천	리필(무료 추가)	단품
注文	おすすめ	おかわり	単品
츄-몽	오스스메	오까와리	단삥

세트	테이크아웃	정식	밥
セット	持ち帰り、テイクアウト	定食	ご飯
셋또	모치카에리, 테이크아우또	테-쇼꾸	고항

반찬	흰 쌀밥	보리밥	오곡밥
おかず	白いご飯	麦ご飯	五穀ご飯
오카즈	시로이고항	무기고항	고코꾸고항

백미	16잡곡	장국	돼지고기 장국
白米	十六穀米	みそ汁	豚汁
하쿠마이	쥬-로꾸 코쿠마이	미소시루	돈지루

양배추(샐러드)	감자튀김	보통(보통 양)	중간(조금 많은 양)
キャベツ	ポテト	並盛	中盛
캬베쯔	포테또	나미모리	츄-모리

대(많은 양)	특대(아주 많은 양)	담백한 맛	진한 맛
大盛	特盛	あっさり	こってり
오오모리	토쿠모리	앗사리	콧떼리

엄청 매움	냉수	따뜻한 물	따뜻한 (음료)
激辛	お冷、お水	お湯	ホット
게키카라	오히야, 오미즈	오유	홋또

차가운 (음료)	녹차	얼음	야채절임
アイス	お茶	氷	漬物
아이스	오챠	코오리	츠케모노

시치미	매실장아치	초생강	
七味	梅干し	紅しょうが	
시치미	우메보시	베니쇼-가	

음식 재료

소고기	돼지고기	닭고기	양고기
牛肉	豚肉	鶏肉、チキン	ラム
규-니꼬	부따니꼬	토리니꼬, 치킨	라무

계란	게	새우	문어
卵	カニ	エビ	タコ
타마고	카니	에비	타꼬

장어	굴	과일	사과
うなぎ	カキ	果物	リンゴ
우나기	카키	크다모노	링고

복숭아	딸기	수박	포도
モモ	イチゴ	スイカ	ブドウ
모모	이치고	스이카	부도-

귤	채소	고수	고추
ミカン	野菜	パクチー	唐辛子
미깡	야사이	파크치-	토-가라시

설탕	크림	시럽	소금
砂糖	クリーム	シロップ	塩
사토-	크리-무	시롭쁘	시오

간장	된장		
しょうゆ	みそ		
쇼-유	미소		

음주, 가무

술	안주	맥주	생맥주
お酒	おつまみ	ビール	生ビール
오사케	오츠마미	비-루	나마비-루

매실주	스트레이트	온더락	하이볼 (위스키 소다 칵테일)
梅酒	ストレート	ロック	ハイボール
우메슈	스토레-또	록끄	하이보-루

소주 칵테일	재털이	화장실	2차
酎ハイ	灰皿	トイレ	2次会
츄-하이	하이자라	토이레	니지카이

포장마차	클럽	입장료	노래방
屋台	クラブ	入場料	カラオケ
야타이	크라부	뉴-죠-료	카라오케

작업	왕 게임	숙취	건배
ナンパ	王様ゲーム	二日酔い	乾杯
난파	오-사마 게-무	후쯔카요이	간빠이

- **이거 좀 보여주시겠어요?**
  これ見せてもらえますか。
  코레 미세떼 모라에마스까?

- **입어 봐도 되나요? (상의를 물어볼 때)**
  試着してもいいですか。
  시챠꾸 시떼모 이이데스까?

- **입어 봐도 되나요? (하의나 신발을 물어볼 때)**
  履いてみてもいいですか。
  하이떼 미떼모 이이데스까?

- **탈의실이 어디예요?**
  試着室はどこですか。
  시챠꾸시쯔와 도꼬데스까?

- **계산대는 어디예요?**
  レジはどこですか。
  레지와 도꼬데스까?

- **저한테는 안 어울리네요.**
  私には似合わないですね。
  와타시니와 니아와나이데스네.

- **아뇨, 구경만 해요.**
  いや、見てるだけです。
  이야, 미떼루다케데스.

- **더 큰 거 있나요?**
  もう少し大きいのありますか。
  모-스코시 오-키-노 아리마스까?

- **더 작은 거 있나요?**
  もう少し小さいのありますか。
  모-스코시 치-사이노 아리마스까?

- **더 싼 거 있나요?**
  もう少し安いのありますか。
  모-스코시 야스이노 아리마스까?

- **좀 깎아 주실 수 없나요?**
  もう少しまけてもらえませんか。
  모-스코시 마케떼 모라에마셍까?

- **이걸로 할게요.**
  これにします。
  코레니 시마스.

- **신용카드 되나요?**
  クレジットカード使えますか。
  크레짓또 카-도 츠카에마스까?

- **3개월 할부로 해 주세요. (5개월)**
  3回払いでお願いします。(5回)
  상카이 바라이데 오네가이시마스. (고카이)

- **일시불로 해 주세요.**
  一括でお願いします。
  잇까쯔데 오네가이시마스.

- **스이카로 계산해도 되나요? (파스모)**
  スイカで払えますか。(パスモ)
  스이카데 하라에마스까? (파스모)

- **면세로 살 수 있나요?**
  免税で買えますか。
  멘제-데 카에마스까?

- **면세로 해 주세요.**
  免税でお願いします。
  멘제-데 오네가이시마스.

- **아까 이거 샀는데요. (어제, 얼마 전에)**
  さっきこれ買ったんですけど。(昨日、この間)
  삿끼 코레 캇딴데스케도. (키노-, 코나이다)

- **교환할 수 있나요?**
  交換できますか。
  코-캉 데끼마스까?

- **반품할 수 있나요?**
  返品できますか。
  헨삥 데끼마스까?

- **(이거) 교환하고 싶은데요.**
  (これ) 交換したいんですけど。
  (코레) 코-캉 시따잉데스케도.

- **(이거) 반품하고(환불받고) 싶은데요.**
  (これ) 返品したいんですけど。
  (코레) 헨삥 시따잉데스케도.

- **거스름돈이 틀린데요.**
  お釣りが違うんですけど。
  오쯔리가 치가운데스케도.

쇼핑

옷 服 후끄	속옷 下着 시타기	양말 靴下 크쯔시타	수영복 水着 미즈기
모자 帽子 보-시	야구모자 キャップ 캬프	신발 靴 크쯔	운동화 スニーカー 스니-카-
샌달 サンダル 산다르	쪼리 ビーチサンダル 비-치 산다르	탈의실 試着室 시챠끄시쯔	계산대 レジ 레지

세일 セール 세-루	할인 割引 와리비끼	일시불 一括払い 잇까쯔 바라이	할부 分割払い 분까쯔 바라이
영수증 レシート 레시-또	면세 免税 멘제-	환불 返品 헨삥	교환 交換 코-캉
시장 市場 이치바	편의점 コンビニ 콘비니	슈퍼마켓 スーパー 스-파-	백화점 デパート 데파-또
100엔숍 100円ショップ 햐꾸엔숍프	담배 タバコ 타바코	화장품 化粧品 케쇼-힌	향수 香水 코-스이
로션 乳液 뉴-에끼	스킨 化粧水 케쇼-스이	선블록 日焼け止め 히야께도메	은행 銀行 긴코-
돈 お金 오까네	환전(잔돈 교환) 両替 료-가에	크다 大きい 오-키-	작다 小さい 치-사이
비싸다 高い 다카이	싸다 安い 야스이		

07 | 교류, 대화

- **도와드릴까요?**
  手伝いましょうか。
  테쯔다이마쇼-까?

- **불 좀 빌릴 수 있을까요?**
  火を貸してもらえますか。
  히오 카시떼 모라에마스까?

- **담배 한 대 얻을 수 없을까요?**
  タバコ一本もらえませんか。
  타바코 입뽄 모라에마셍까?

- **여기 앉아도 될까요?**
  ここに座ってもいいですか。
  코꼬니 스왓떼모 이이데스까?

- **혼자 여행하세요?**
  一人旅ですか。
  히또리타비데스까?

- **저는 민호입니다.**
  私はミンホです。
  와타시와 민호데스.

- **이름이 뭐예요?**
  名前は何て言うんですか。
  나마에와 난떼 윤데스까?

- **여기는 자주 오세요?**
  ここにはよく来るんですか。
  코꼬니와 요꾸 크룬데스까?

- **어디에서 오셨어요?**
  どちらからですか。
  도치라카라데스까?

- **어디에 사세요?**
  どこに住んでますか。
  도꼬니 슨데마스까?

- **한국에서 왔습니다.**
  韓国から来ました。
  칸코끄카라 키마시따.

- **서울에 살고 있습니다.**
  ソウルに住んでいます。
  소우루니 슨데이마스.

- **무슨 일 하세요?**
  何されてるんですか。
  나니 사레떼룬데스까?

- **학생입니다.**
  学生です。
  각세-데스.

- **일하고 있어요.**
  働いてます。
  하따라이떼마스.

- **뭘 공부 하세요?**
  何を学んでますか。
  나니오 마난데마스까?

- **지금까지 어디가 제일 좋았어요?**
  今まででどこが一番良かったですか。
  이마마데데 도꼬가 이치방 요캇따데스까?

- **자주 여행 하세요?**
  よく旅行しますか。
  요꾸 료코-시마스까?

- **한국에 가 보신 적 있나요?**
  韓国に行ったことありますか。
  칸코끄니 잇따코또 아리마스까?

- **같이 사진 찍지 않을래요?**
  一緒に写真とりません?
  잇쇼니 샤신 토리마셍?

- **라인 하세요?**
  ラインやってますか。
  라인 얏떼마스까?

- **라인 교환 할래요?**
  ライン交換しませんか。
  라인 코-캉 시마셍까?

- **인스타 하세요?**
  インスタやってますか。
  인스타 얏떼마스까?

- **인스타 계정 알려줄래요?**
  インスタのアカウント教えてもらえますか。
  인스타노 아카운토 오시에떼 모라에마스까?

- **최근에 뭐 빠져 있는(좋아하는) 거 있나요?**
  最近はまっている事ありますか。
  사이킨 하맛떼이루 코또 아리마스까?

- **운동 하는 거 있나요?**
  何かスポーツはやっていますか。
  나니까 스포츠와 얏떼이마스까?

- **휴일에는 뭐 하세요?**
  休日は何をしてるんですか。
  큐-지쯔와 나니오 시떼른데스까?

- **사귀는 사람 있어요?**
  付き合ってる人いますか。
  츠키앗떼루 히또 이마스까?

- **지금부터 뭐 할지 예정 있나요?**
  これから予定ありますか。
  코레카라 요테- 아리마스까?

- **괜찮으시면 같이 갈래요?**
  よかったら一緒に行きません？
  요캇따라 잇쇼니 이키마셍?

- **괜찮으시면 한잔할래요?**
  よかったら一杯どうですか。
  요캇따라 입파이 도-데스까?

- **한잔 쏠게요.**
  一杯ごちそうしますよ。
  입파이 고치소- 시마스요.

- **여기는 제가 낼게요.**
  ここは私が出します。
  코꼬와 와타시가 다시마스.

- **이 다음은 어디 갈 예정이에요?**
  この後はどこに行く予定ですか。
  코노아또와 도꼬니 이끄 요테-데스까?

- **한국에도 놀러 오세요.**
  韓国にも遊びに来てください。
  칸코끄니모 아소비니 키떼 크다사이.

- **맛있는 곳 안내할게요.**
  おいしいとこ案内します。
  오이시이 토꼬 안나이시마스.

- **건배!**
  乾杯!
  간빠이!

- **얘기 즐거웠어요.**
  お話できて楽しかったです。
  오하나시 데키떼 타노시캇따데스.

- **또 만날 수 있으면 좋겠네요.**
  また会えたらいいですね。
  마따 아에따라 이이데스네.

- **또 봐요.**
  またね。
  마따네.

자기 소개와 질문

~입니다. 〜です。 ~데스.	**~인가요?** 〜ですか。 ~데스까?	**한국인입니다.** 韓国人です。 칸코끄징데스.	**학생인가요?** 学生ですか。 각세-데스까?
회사원 会社員 카이샤잉	**공무원** 公務員 코-무잉	**자영업** 自営業 지에-교-	**친구** 友達 토모다치
남자친구 彼氏 카레시	**여자친구** 彼女 카노죠	**가족 (상대방)** 家族（ご家族） 카조끄 (고카조끄)	**남편 (상대방)** 旦那（ご主人） 단나(고슈징)
아내 (상대방) 妻（奥ん） 쯔마(옥상)	**아버지 (상대방 아버지)** 父（お父さん） 치치(오또-상)	**엄마 (상대방 어머니)** 母（お母さん） 하하(오까-상)	**아들 (상대방)** 息子（息子さん） 무스코(무스코상)
딸 (상대방) 娘（お嬢さん） 무스메(오죠-상)	**형/오빠 (상대방 형/오빠)** 兄（お兄さん） 아니(오니-상)	**언니/누나 (상대방 언니/ 누나)** 姉（お姉さん） 아네(오네-상)	**남동생 (상대방)** 弟（弟さん） 오또-또(오또-또상)
여동생 (상대방) 妹（妹さん） 이모-또(이모-또상)			

08 | 문제 상황, 건강

- **여권을 잃어버렸습니다.**
  パスポートをなくしました。
  파스포-또오 나쿠시마시따.

- **분실물센터가 어디예요?**
  遺失物取扱所はどこですか。
  이시쯔부쯔 토리아쯔카이죠와 도꼬데스까?

- **스마트폰을 잃어버렸는데, 못 보셨나요?**
  スマートフォンをなくしたんですが、見ませんでした？
  스마-토혼오 나쿠시딴데스가, 미마셍데시따?

- **지갑을 도둑맞았습니다.**
  財布を盗まれました。
  사이후오 누스마레마시따.

- **전화 좀 쓸 수 없을까요?**
  電話を使わせていただけませんか。
  뎅와오 츠카와세떼 이따다케마셍까?

- **경찰을 불러 주세요. (구급차)**
  警察を呼んでください。(救急車)
  케-사쯔오 욘데 크다사이. (큐-큐-샤)

- **파출소가 어디 있나요?**
  交番はどこにありますか。
  코-방와 도꼬니 아리마스까?

- **교통사고가 났습니다.**
  交通事故にあいました。
  코-쯔-지코니 아이마시따.

- **몸이 안 좋아요.**
  具合が悪いです。
  그아이가 와루이데스.

- **체한 데 먹는 약 있나요?**
  胃もたれの薬ありますか。
  이모따레노 크스리 아리마스까?

- **배탈난 데 먹는 약 있나요?**
  食あたりの薬ありますか。
  쇼크아따리노 크스리 아리마스까?

- **두통약 있나요?**
  頭痛薬ありますか。
  즈쯔-야꾸 아리마스까?

- **종합감기약 있나요?**
  総合かぜ薬ありますか。
  소-고-카제크스리 아리마스까?

- **멀미약 있나요?**
  酔い止め薬ありますか。
  요이도메쿠스리 아리마스까?

- **소화제 있나요?**
  消化剤ありますか。
  쇼-까자이 아리마스까?

- **밴드 있나요?**
  絆創膏ありますか。
  반소-코- 아리마스까?

- **선블록은 어디에 있나요?**
  日焼け止めはどこにありますか。
  히야께도메와 도꼬니 아리마스까?

- **길을 잃었습니다.**
  道に迷いました。
  미치니 마요이마시따.

- **사람 살려!**
  助けて!
  타스케떼!

- **위험해!**
  危ない!
  아부나이!

- **도둑이야!**
  泥棒!
  도로보-!

- **그만해!**
  やめて!
  야메떼!

- **만지지 마!**
  触らないで!
  사와라나이데!

사고, 건강

약국 薬局 **약쿄끄**	**병원** 病院 **뵤-잉**	**의사** 医者 **이샤**	**구급차** 救急車 **큐-큐-샤**
부상 けが **케가**	**사고** 事故 **지코**	**지진** 地震 **지신**	**약** 薬 **크스리**
두통약 頭痛薬 **즈쯔-야끄**	**소화제** 消化剤 **쇼-까자이**	**감기약** 風邪薬 **카제크스리**	**밴드** 絆創膏 **반소-코-**
안약 目薬 **메크스리**	**안경** 眼鏡 **메가네**	**렌즈** コンタクト **콘타크또**	**경찰(서)** 警察 **케-사쯔**

한국 대사관 韓国大使館 칸코끄 타이시칸	**우체국** 郵便局 유-빈쿄끄	**벌레** 虫 무시	**모기** 蚊 카
파리 ハエ 하에	**벌** ハチ 하치	**개미** アリ 아리	**거미** クモ 쿠모
바퀴벌레 ゴキブリ 고키부리			

Part 4 기타 일상 표현

01 인사, 맞장구, 감사

02 일상 관용 표현

03 초간단 질문과 대답

04 기분, 감정, 정도

Part 4

기타 일상 표현

01  인사, 맞장구, 감사

- **그렇구나.**
  そうですか。
  소-데스까.

- **그러네요.**
  そうですね。
  소-데스네.

- **안녕하세요. (아침)**
  おはようございます。
  오하요- 고자이마스.

- **안녕하세요. (낮, 종일)**
  こんにちは。
  곤니치와.

- **안녕하세요. (저녁)**
  こんばんは。
  콤방와.

- **처음 뵙겠습니다.**
  はじめまして。
  하지메마시떼.

- **잘 자요.**
  おやすみなさい。
  오야스미나사이.

- **담에 뵈어요.**
  じゃあ、また。
  쟈-, 마따.

- **감사합니다.**
  どうも。
  도-모.

- **고맙습니다.**
  ありがとうございます。
  아리가또- 고자이마스.

- **천만에요.**
  どういたしまして。
  도-이따시마시떼.

- **괜찮아요?**
  大丈夫ですか。
  다이죠-브데스까?

- **괜찮아요.**
  大丈夫です。
  다이죠-브데스.

- **힘내요!**
  頑張って!
  감밧떼!

- **몸조리 잘해요.**
  お大事に。
  오다이지니.

02 | 일상 관용 표현

- **그러세요. 드세요.**
  먼저 하세요. 앉으세요.
  들어오세요.
  どうぞ。
  도-조.

- **배고파.**
  お腹すいた。
  오나까 스이따.

- **맛있다!**
  うまい！
  우마이!

- **잘 먹겠습니다.**
  いただきます。
  이따다키마스.

- **다녀오겠습니다.**
  行ってきます。
  잇떼키마스.

- **편히 쉬세요.**
  ごゆっくり。
  고윳끄리.

- **맛있겠다!**
  美味しそう!
  오이시소-!

- **맛없다.**
  まずい。
  마즈이.

- **잘 먹었습니다.**
  ごちそうさまでした。
  고치소-사마데시따.

- **잘 다녀와요.**
  行ってらっしゃい。
  잇떼랏샤이.

- **다녀왔습니다.**
  ただいま。
  타다이마.

- **수고하셨습니다.**
  お疲れさま。
  오쯔까레사마.

- **어서 와요.**
  お帰りなさい。
  오까에리나사이.

03 | 초간단 질문과 대답

- **왜?**
  何で?
  난데?

- **어디?**
  どこ?
  도꼬?

- **어느 거?**
  どれ?
  도레?

- **어떤 거?**
  どんな?
  돈나?

- **얼마?**
  いくら?
  이끄라?

- **좋아요. 됐어요.**
  いいです。
  이이데스.

- **뭐?**
  何?
  나니?

- **언제?**
  いつ?
  이쯔?

- **이거?**
  これ?
  코레?

- **어떻게?**
  どうやって?
  도-얏떼?

- **어때?**
  どう?
  도-?

- **싫어요.**
  嫌です。
  이야데스.

- **별로**
  別に
  베쯔니

- **조금**
  ちょっと、少し
  춋또, 스코시

- **조금만**
  少しだけ
  스코시다케

- **전혀**
  全然
  젠젠

- **절대로**
  絶対
  젯따이

- **역시**
  やっぱり
  얏파리

- **정말로?**
  本当に？
  혼또니? ↗

- **정말로**
  本当に
  혼또니

- **거짓말**
  うそ
  우소

04 | 기분, 감정, 정도

- **기분 좋다.**
  気持ちいい。
  기모치이-.

- **실망이야.**
  がっかりした。
  각까리시따.

- **너무해.**
  ひどい。
  히도이

- **귀찮아.**
  面倒くさい。
  멘도쿠사이.

- **대박! 굉장해! 대단하다!**
  すごい!
  스고이!

- **재미있다.**
  面白い。
  오모시로이.

- **깜짝이야.**
  びっくりした。
  빅끄리시따.

- **피곤해.**
  疲れた。
  쯔까레따.

- **아깝다.**
  もったいない。
  못따이나이.

- **최고!**
  最高!
  사이코-!

- **즐겁다.**
  楽しい。
  타노시이.

- **재미없다.**
  つまんない。
  쯔만나이.

- **무섭다.**
  怖い。
  코와이.

- **예쁘다!**
  きれい!
  키레-!

- **크다!**
  でっかい!
  덱까이!

- **귀엽다.**
  可愛い。
  카와이-.

- **멋있다!**
  かっこいい!
  각코이-!

- **작다!**
  ちっちゃい!
  칫쨔이!

10문장으로 끝내는 여행 일본어 회화

초판 1쇄 발행 2017년 7월 10일
초판 2쇄 발행 2018년 1월 10일

지은이 니키
발행인 홍성은
발행처 바이링구얼
교정·교열 홍희정
디자인 빌리언
삽화 김영진

출판등록 2011년 1월 12일
주소 서울 마포구 월드컵로 30다길 5, 202호
전화 (02) 6015-8835
팩스 (02) 6455-8835
메일 nick0413@gmail.com

ISBN 979-11-85980-18-8 13730

*잘못된 책은 서점에서 바꾸어 드립니다.